新文科·新传媒·新形态 精品系列

新媒体文案写作
策划、创意、编辑与传播

微课版

侯德林 余安安◎主编

李媛媛 詹晓丽 张莎◎副主编

人民邮电出版社

北 京

图书在版编目（CIP）数据

新媒体文案写作 ：微课版 ：策划、创意、编辑与传播 / 侯德林，余安安主编. -- 北京 ：人民邮电出版社，2025. -- （新文科·新传媒·新形态精品系列教材）.

ISBN 978-7-115-65271-3

Ⅰ . G206.2

中国国家版本馆 CIP 数据核字第 202407386A 号

内 容 提 要

本书主要介绍新媒体文案写作的基础、策划、创意及新媒体文案的编辑与传播等内容。全书共 9 章，包括新媒体文案概述、新媒体文案写作的基础、新媒体文案写作的策划、新媒体文案写作的创意、不同平台的新媒体文案写作、不同种类的新媒体文案写作、新媒体文案编辑与排版、新媒体文案传播和综合实训。本书结合微信、微博、小红书、今日头条等不同平台的新媒体文案，以及产品文案、品牌文案、海报文案、软文、H5 文案和 AIGC 文案等不同种类的新媒体文案展开讲解，可以帮助读者全面掌握各类新媒体文案的写作技巧，培养读者新媒体文案写作与传播能力。

本书可作为高等院校电子商务、市场营销、网络与新媒体等专业相关课程的教材，也可作为新媒体文案等相关行业从业人员的参考书。

◆ 主　编　侯德林　余安安

副 主 编　李媛媛　詹晓丽　张　莎

责任编辑　赵广宇

责任印制　胡　南

◆ 人民邮电出版社出版发行　　北京市丰台区成寿寺路 11 号

邮编　100164　电子邮件　315@ptpress.com.cn

网址　https://www.ptpress.com.cn

大厂回族自治县聚鑫印刷有限责任公司印刷

◆ 开本：787×1092　1/16

印张：12.5　　　　　　2025 年 1 月第 1 版

字数：258 千字　　　　2025 年 7 月河北第 2 次印刷

定价：49.80 元

读者服务热线：(010)81055256　印装质量热线：(010)81055316

反盗版热线：(010)81055315

前　言

党的二十大报告指出："教育、科技、人才是全面建设社会主义现代化国家的基础性、战略性支撑。"党的二十大报告还明确了科技、人才、创新的战略地位，强调："必须坚持科技是第一生产力、人才是第一资源、创新是第一动力，深入实施科教兴国战略、人才强国战略、创新驱动发展战略，开辟发展新领域新赛道，不断塑造发展新动能新优势。"这些指导思想为推动当下和未来一段时间内我国科教及人才事业的发展、人才培养体系的构建指明了基本方向。

在移动终端技术飞速发展的今天，消费者已经习惯了通过各种新媒体平台如微信、微博、今日头条等获取资讯，企业的大部分活动宣传、形象塑造和品牌营销也从传统的电视、广播、报纸等媒介转移到新媒体平台上。这种趋势意味着，消费者正处在一个信息爆炸的时代，而面对海量的信息，消费者常常感到迷茫。消费者迫切地需要在当前的环境下更高效、更方便地获取信息，而企业也在思考如何让自己的产品在众多产品中脱颖而出。新媒体文案正是解决这些问题的关键，它能够帮助有需求的消费者更高效地获取信息，帮助有需求的企业更有针对性地推广产品。新媒体文案在企业的新媒体营销中的重要性日渐凸显，新媒体文案写作人才的需求也随之增加。基于此，编者特意策划并编写了本书。

与同类教材相比，本书具有以下特色。

（1）**结构合理，内容全面**。本书首先对新媒体文案的相关知识进行了介绍，然后介绍了新媒体文案写作的基础、策划与创意，并对不同平台和不同种类的新媒体文案写作进行了详细介绍；随后，本书还对新媒体文案的编辑、排版及传播进行了讲解；最后，本书以综合实训的形式对新媒体文案进行了讲解，为读者展示了新媒体文案从策划到传播的整个过程，能够帮助读者更全面地掌握新媒体文案的相关知识。

（2）**案例丰富，学以致用**。本书引用了大量新媒体文案的典型案例，图文并茂，形象生动。书中案例详细分析了新媒体文案的写作思路与方法，不仅开阔了读者的视野，而且对读者理解知识有显著的促进作用。

（3）**坚持立德树人，注重素养教学**。本书紧跟时代发展的步伐，全面贯彻党的二十大精神，落实立德树人根本任务，每章设置"素养课堂"模块，有助于读者形成正向、积极的观念，以此培养德智体美劳全面发展的具有新媒体文案写作技能的高素质人才。

（4）**AI赋能，贴近前沿**。本书充分发挥AI技术赋能教学的优势，讲解AIGC文案写作的相关内容，帮助读者提高新媒体文案的写作效率。

本书由侯德林、余安安担任主编，李媛媛、詹晓丽、张莎担任副主编。在编写本书的过程中，编者得到了众多专家的支持，在此表示衷心的感谢。

由于编者水平有限，书中难免存在疏漏之处，恳请广大读者批评指正。

编　者

2024 年 12 月

本书使用指南

为了方便教学，编者为使用本书的教师提供了丰富的教学资源，精心制作了PPT课件、教学大纲、电子教案、课后习题答案、素材文件、AIGC文案写作工具手册等教学资源，教学资源及数量如表1所示。用书教师如有需要，可登录人邮教育社区（www.ryjiaoyu.com）免费下载。

表1　教学资源及数量

编号	教学资源	数量
1	PPT课件	9份
2	教学大纲	1份
3	电子教案	1份
4	课后习题答案	8份
5	素材文件	1份
6	AIGC文案写作工具手册	1份

本书作为教材使用时，课堂教学建议安排24学时，各章主要内容及学时安排如表2所示，用书教师可根据实际情况进行调整。

表2　各章主要内容及学时安排

章节	主要内容	课堂学时
第1章	新媒体文案概述	2
第2章	新媒体文案写作的基础	2
第3章	新媒体文案写作的策划	2
第4章	新媒体文案写作的创意	2
第5章	不同平台的新媒体文案写作	4
第6章	不同种类的新媒体文案写作	4
第7章	新媒体文案编辑与排版	2
第8章	新媒体文案传播	2
第9章	综合实训	4
学时总计		24

　　为了帮助读者更加深入地学习本书的知识，编者精心录制了配套的微课视频。书中的相关位置都添加了二维码，读者扫描相应的二维码即可观看微课视频，微课视频名称及页码如表3所示。

表3　微课视频名称及页码

节/小节	微课视频名称	页码
1.1.3	新媒体文案的常见类型	4
1.2	常见的新媒体文案平台	7
1.3.3	新媒体文案的岗位职业素养	13
2.1	新媒体文案结构的确定	18
2.2.2	文案标题的常见类型	24
2.2.4	文案标题的写作技巧	28
2.3	新媒体文案开头的写作	30
3.1.1	优秀文案选题的特征	43
3.2.1	市场状况调查	50
3.3.1	确定诉求点	57
3.3.3	确定诉求方式	60
4.1	新媒体文案写作的创意策略	65
4.2.2	使用户产生代入感的技巧	72
4.2.3	使用户产生信任感的技巧	73
5.1.2	微信朋友圈文案写作	84
5.2.1	短微博文案写作	89
5.3.2	查找平台热点关键词	94
5.5.2	今日头条文案正文的写作策略	100
6.1.1	产品文案的组成部分	110
6.1.3	产品文案的写作技巧	113
6.2.2	品牌文案的写作流程	116
6.3	海报文案写作	120
6.6.2	AIGC 文案生成案例	129
7.2.2	使用 Photoshop 编辑商品促销文案	140
7.3.1	使用剪映编辑视频	143
7.4.2	新媒体图文排版的常用工具	146
8.1.1	符号化	156
8.2	新媒体文案传播技巧	164
8.3	新媒体文案传播注意事项	167
9.1.2	农产品文案写作	177
9.1.3	农产品文案编辑	181
9.2.1	直播文案策划	183

目　录

第6章
不同种类的新媒体文案写作 / 109

第7章
新媒体文案编辑与排版 / 133

第1章
新媒体文案概述

新媒体出现之前，常见的文案一般出现在报纸、海报、电视等传统媒体中；新媒体出现之后，更多企业选择在新媒体平台上撰写文案并进行营销宣传。本章主要介绍新媒体文案概况、常见的新媒体文案平台、新媒体文案岗位等内容。只有掌握了这些新媒体文案的基础知识，才能更好地从事新媒体文案写作。

知识目标
☑熟悉新媒体文案的概念。
☑熟悉新媒体文案的特点。
☑熟悉新媒体文案的常见类型。
☑掌握常见的新媒体文案平台。
☑掌握新媒体文案岗位的相关知识。

———— 引导案例　**旅行社文案被多次转发** ————

在"注意力经济"时代，如何从各种新闻、广告、娱乐资讯等信息资源中争夺用户的注意力，激发他们的好奇心，让他们愿意阅读下去，成为新媒体文案写作人员要思考的问题。新媒体文案就像一种产品，只有经过新媒体文案写作人员的精心设计和仔细打磨才可能获得用户的关注，进而获得用户的好感，促使用户积极互动、主动转发，并最终达到商家的营销目的。

只要半个平方米的价格，日、韩、新、马、泰都玩了一圈；

一两个平方米的价格，欧美各国也回来了；

下一步只好策划去埃及、南非这些更为神奇的地方；

几年下来，全世界你都玩遍了，可能还没花完买一间厨房的钱；

但是那时候，说不定你的世界观都已经变了。

生活在于经历，而不在于拥有几平方米的房子；

富裕在于感悟，而不在于住别墅。

这是某旅行社的广告文案，此文案一出，就被各大文案网站、广告设计师及新媒体文案写作人员转发。这篇文案将房价和旅行社的旅游价格进行比较，为目标用户算了一笔"心动账"，刺激用户去旅游。

优秀的新媒体文案要洞察和把握用户的痛点，用创新的表达方式带动用户的内心节奏，引起用户的共鸣。新媒体文案是用户了解产品的桥梁，因此，新媒体文案写作人员要策划和撰写高质量的新媒体文案，让用户通过文案感知产品的魅力和品牌形象。

思考与讨论

（1）为什么该旅行社文案被多次转发？

（2）怎样做好新媒体文案策划与写作的准备？

1.1 新媒体文案概况

如今，新媒体平台的用户与日俱增，而摆在新媒体文案写作人员面前的一个重要问题就是如何通过创作新媒体文案来实现这些用户的转化。下面介绍新媒体文案的概念、特点和常见类型。

课堂讨论

（1）结合自己的亲身经历和看法，谈一谈什么是新媒体文案。

（2）新媒体文案的特点有哪些？常见的新媒体文案类型有哪些？

1.1.1 新媒体文案的概念

在古代，文案一是指物，也称作"文按"，指公文案卷或办公的桌子，甚至桌子上的相关办公用品都能称为文案，如笔筒、笔洗、笔架等；二是指负责书写和管理文书的官员或文职人员。

在现代，文案的概念来源于广告行业，文案是"广告文案"的简称，多指在大众媒体上刊发的广告作品中的语言文字。广告文案有广义和狭义之分。广义的广告文案包括标题、正文和广告语，以及广告中的图像和视频等内容。狭义的广告文案只包括标题、正文和广告语。图像和视频具有较强的视觉冲击力，文字具有较广泛的影响力，两者结合能让整个文案充满吸引力。

新媒体文案主要基于新媒体平台重点输出广告的内容和创意。新媒体文案写作注重文字运用，对新媒体文案写作人员的文字功底有一定的要求，除此之外，对新媒体文案写作人员的创造能力、营销能力和对用户需求的洞察能力也有一定的要求。

从文案写作的角度来看，新媒体文案的载体需要从传统媒体转变为新媒体；从文案具有的价值来看，新媒体文案不仅具有普通文案所具有的品牌价值，还具有创新价值。新媒体文案通常需要体现出品牌的核心价值（这可以由产品或服务的功能和属性来决定），并为品牌的定位提供内涵说明。

1.1.2　新媒体文案的特点

新媒体文案与传统文案相比主要有以下特点。

1. 更个性化

新媒体平台的特点就是可以让每个人都成为信息的发布者，其传播内容与传播形式等通常是由个人喜好来决定的。新媒体平台可以为每一位用户提供文案分享和传播的渠道。新媒体文案写作人员能根据品牌和产品的用户定位创作出个性化的新媒体文案来满足用户的需求，以此吸引志同道合的用户，并将这些用户发展成文案的二次传播者。

2. 更短、平、快

新媒体文案较传统文案更短、平、快。

"短"是指新媒体文案能短则短，这样能够快速吸引用户的注意力，并将最核心的信息表达出来。

"平"是指平实，新媒体文案写作人员要通过较为平实的新媒体文案与目标用户进行有效的沟通。

"快"是指传播快速，并且新媒体文案写作人员的写作速度也要快，如跟进网络热点事件并快速产出新媒体文案。

3. 互动性强

在新媒体时代，信息传播的渠道多元化，用户可以自主地参与到传播过程中。新媒体文案写作人员可借助新媒体平台与用户进行实时互动，而新媒体文案作为营销推广的载体，同样具有互动性强的特点。

以短视频平台文案为例，短视频博主可以通过文案与用户互动，每一位用户都可以对短视频进行点赞、转发、评论，图1-1所示为用户向朋友转发的界面。若用户在评论区向博主发出评论，博主可及时做出回复。当用户看到自己的评论被回复时，其再次评论的积极性自然就提高了，图1-2所示为互动评论。

图 1-1　用户向朋友转发的界面

4. 发布成本低

传统媒体广告信息发布成本动辄几十万元甚至上百万元，而随着新媒体的兴起，广告信息发布成本逐渐降低。由于新媒体文案具有价值高、观点性强等特点，以及新媒体的价值逐渐获得商家认可，因此商家逐渐削减传统媒体的营销费用，将其投向新媒体。随着新媒体文案价值的提高，传统媒体的广告收入已经大幅分流至新媒体。

5. 传播内容多元化

新媒体平台支持多种文件格式，新媒体文案写作人员可以将文字、图片、声音、视频等添加到新媒体文案中，让发布的信息内容更生动形象，让用户更容易产生身临其境的感觉。图 1-3 所示为含有视频、文字等的多元化文案内容。

图 1-2　互动评论　　　　　　　图 1-3　含有视频、文字等的多元化文案内容

6. 目标用户精准

每一个新媒体平台都拥有特征明显的用户群体，针对不同的用户群体发布不同的新媒体文案，相应的文案更容易被接受和传播。例如，知乎、豆瓣、微信、微博等比较适合职场人群使用，所以在这些平台上推送的新媒体文案可以围绕职场人群的需要来撰写。用户在平台上产生的各种数据会被后台记录，平台会基于这些记录精准地为用户推送相关内容。企业或品牌一旦与这些平台合作，就可以根据这些数据对用户进行精准的定位，从而取得良好的营销效果。

1.1.3　新媒体文案的常见类型

新媒体文案的价值通常在于传递品牌和产品的价值，让用户了解品牌和产品，从而为商家后续的市场推广、产品销售等创造良好的环境。新媒体文案按照不同的分类方式，可以分为以下一些常见的类型。

新媒体文案的常见类型

1. 按广告目的分

新媒体文案按广告目的可分为销售文案和传播文案。

销售文案即能够立刻带来销量的文案。它是介绍产品信息的文案，是为了增加销量而做的引流广告。图 1-4 所示为销售文案。销售文案要能够立即打动用户，并促使用户立即行动。

传播文案是为了扩大品牌影响力而写作的文案，如图 1-5 所示。传播文案要能够引起用户共鸣，并吸引用户自发地传播。

图 1-4　销售文案　　　　　　　　　　　　　　　图 1-5　传播文案

2. 按篇幅的长短分

新媒体文案按照篇幅的长短可分为长文案和短文案。

长文案一般在 1000 字及以上，需要构建宏大的情感场景。产品价格较高、用户决策成本较高的行业（如汽车、珠宝等行业）通常需要用长文案。

短文案一般在 1000 字以内，部分短文案甚至在 100 字以内，短文案需要快速展现产品的核心信息。产品价格较低、用户决策成本较低的行业一般用短文案。

3. 按广告植入方式分

新媒体文案按广告植入方式可分为软广告和硬广告。软广告和硬广告的差别在于，软广告并不直接呈现广告信息，具有隐藏性；硬广告就是纯广告，不掺杂于其他主体中。

软广告是指企业将产品或品牌信息融入新闻报道、公益宣传、网络视频等中，使用户在接触这些信息的同时，不自觉地接收广告信息。软广告具有目的多样性、内容植入性、传播巧妙性等特点。图 1-6 所示的《高品质再获认可！深圳地铁 16 条线 13 条用海尔中央空调》就属于新闻报道型软广告。

硬广告是指企业或品牌将纯粹的、带有产品或品牌信息的内容直接、强制性地向用户宣传，具有目的单一性、传播直接性和接收强制性的特点。

图 1-6　新闻报道型软广告

4. 按平台分

新媒体文案可以在多个新媒体平台上发布，我们可以根据不同的平台对新媒体文案进行分类。目前常见的新媒体平台有微信、微博、今日头条等。

平台不同，文案的表现形式也不同。微信公众号支持多种形式的文案，如文字、语音、图片、视频等。微博除支持发布文字外，也支持发布图片和视频。

图 1-7 所示为微信公众号文案。图 1-8 所示为微博文案。

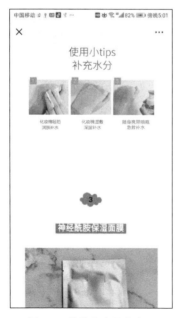

图 1-7　微信公众号文案

图 1-8　微博文案

5.按表现形式分

受新媒体平台特点的影响，新媒体文案具有不同的表现形式。新媒体文案按表现形式可以分为文字式文案、图片式文案和视频式文案。

（1）文字式文案。文字式文案是指以大段的文字为主的文案，包括微信公众号文案、微博文案、今日头条文案、门户网站上的营销软文等。文字式文案篇幅较长，部分文字式文案会穿插图片、链接等，是当前主流的文案表现形式之一。

（2）图片式文案。图片式文案是指以图片为载体的文案，其代表为海报文案和H5文案。该类文案对图片创意与信息选择的要求较高，一般要求新媒体文案写作人员利用有限的文字传达主题思想和重要信息。图1-9所示为海报文案。

（3）视频式文案。视频式文案即以视频为载体的文案，主要指直播和短视频类的文案，在抖音、快手、小红书、哔哩哔哩等发布的多为这类文案。一般来说，视频式文案的主题丰富，包括品牌宣传、新品发布、产品测评、好物分享、知识分享等。图1-10所示为短视频平台上的视频式文案。

图1-9　海报文案

图1-10　短视频平台上的视频式文案

1.2　常见的新媒体文案平台

新媒体文案通常发布在新媒体平台上，如微信、微博、今日头条、电商平台、短视频直播平台等。新媒体文案无论发布在哪一个平台上，只要能够引起用户的兴趣，引发用户的大量关注、转发和评论，就是具有传播力的文案。

常见的新媒体文案平台

1.2.1 微信

微信是一款被广泛使用的即时通信软件，也是一个广受欢迎的新媒体文案发布平台，它已经是许多企业进行新媒体营销的首选平台之一。如今，微信和每位用户的日常生活产生了紧密联系，具有黏性强的特点和巨大的社会影响力。在这种情况下，企业的管理者、营销者，甚至只是有创业意向的普通人，都可以从中挖掘出巨大的营销价值，进而取得事业上的成功。

在微信中，新媒体文案写作人员可以利用微信朋友圈、微信公众号、微信视频号、微信小程序等进行文案内容的分享，当然只有保证文案的内容质量，才能吸引更多的用户关注并转发。图 1-11 所示为微信公众号促销文案，新媒体文案写作人员通过微信公众号促销文案及时、有效地把最新的促销活动告知用户，吸引用户参与。

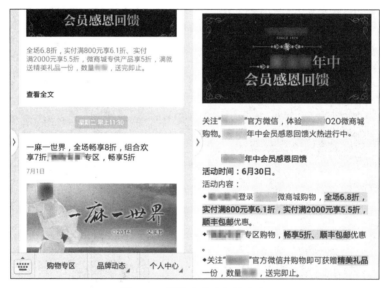

图 1-11　微信公众号促销文案

1.2.2 微博

微博是十分热门的社交媒体平台，具有用户多、信息发布快等特点，在新媒体营销中具有广泛的传播力和影响力。

微博营销以微博为平台，其中每一个用户都是潜在的营销对象，企业可以通过撰写微博文案向用户传播企业信息、产品信息，树立良好的企业形象和产品形象。企业可以借助多种技术手段，通过文字、图片、视频等表现形式对产品进行介绍，从而使潜在用户更好地接收信息。如果企业拥有数量庞大的粉丝，那么其发布的微博文案可以在短时间内传播给众多用户，乃至形成爆炸式的推广效果。图 1-12 所示为格力电器的微博文案。

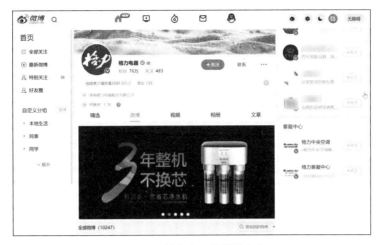

图 1-12　格力电器的微博文案

1.2.3　今日头条

今日头条作为目前国内知名的信息平台之一，每天吸引着非常多的用户。对于企业来说，若能够在今日头条上进行有效的营销，将会获得巨大的商机。今日头条是一个信息资讯平台，它借助推荐引擎算法，为用户推荐感兴趣的内容。它先根据用户的社交行为、阅读行为、地理位置、职业、年龄等信息，挖掘出用户的兴趣点，再进行个性化推荐。

在今日头条中，文案成为用户关注的焦点。一般来说，文案的质量越高，文案被推荐的次数越多，文案的阅读量也就越高，因此新媒体文案写作人员要特别重视文案的质量。

在今日头条中，用户阅读时的注意力集中度不高，因此在撰写文案时，新媒体文案写作人员要保持轻松的心态，避开过于专业的选题，多配图。如果文案需要搭配视频，那么新媒体文案写作人员要尽可能上传本地视频，这样不仅能带来额外的视频播放量和广告收益，还能避免因插入网络视频而使当前页面跳转到视频播放页。今日头条文案如图 1-13 所示。

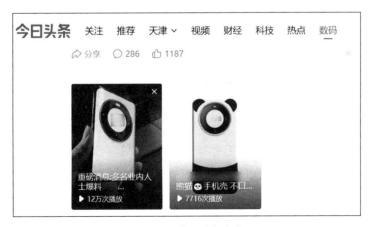

图 1-13　今日头条文案

1.2.4　电商平台

目前，电商平台有很多，常见的有淘宝、拼多多、京东、全球速卖通等。淘宝的门槛极低，几乎所有人都可以注册成为淘宝的用户，在淘宝中进行交易。淘宝中的产品种类非常多，无论是一把扫帚还是一台电视机，都可以在淘宝上买到，其极大地方便了人们的生活，也由此得到了人们的支持与喜爱。

根据文案在电商平台业务中的不同作用，我们可以将电商平台文案分为展示类电商文案、品牌类电商文案、促销推广类电商文案。

展示类电商文案是一种常见的文案形式，其目的是展示产品，促进产品销售。产品详情页文案就是典型的展示类电商文案，其会对产品的具体功能、特点等进行详细描述。产品详情页文案主要围绕产品信息展开，内容较多，并用于整个产品展示页面。图 1-14 所示为某产品详情页文案，该文案说明了产品的主要卖点，能让用户对这款产品有所了解并产生购买的欲望。

图 1-14　某产品详情页文案

品牌类电商文案通常以塑造品牌形象、提升品牌知名度为主要目标。这类文案通常会强调品牌的独特性、品质保证、企业文化等元素，以此建立用户对品牌的信任，并提高用户对品牌的忠诚度。

促销推广类电商文案的主要目的是促进销售，其通常以打折、送赠品等手段吸引用户。这类文案通常会在特定的节日、季节或销售周期内发布，以增强用户的购买意愿并提高转化率。

1.2.5　短视频直播平台

短视频直播平台是指以输出短视频为主的平台，主播在这些平台上可以通过直播进行才艺展示、产品销售等。目前主流的短视频直播平台有抖音、快手等，如图 1-15 所示。

由于近两年短视频火爆，平台用户数量大增，日活跃用户数量暴涨，抖音、快手不甘心只做导流平台，开始搭建自己的直播平台。在抖音、快手上，优质的短视频内容能为直播带来精准流量，有利于直播营销的顺利进行。经过激烈的市场竞争，目前抖音和快手已经成为短视频直播行业的巨头。

图 1-15　主流的短视频直播平台

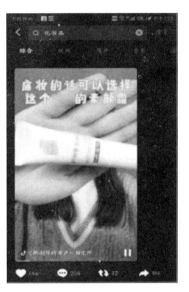

与其他平台不同，短视频直播平台的新媒体文案是视频式的，文案的主要内容和主题隐藏在视频内容中，用户通常要看完视频才能领会文案主旨。图 1-16 所示为在某短视频中植入产品文案。新媒体文案写作人员将产品文案巧妙地植入其中，既不尴尬也不生硬，还能为产品带来一定的流量，甚至提高转化率。

图 1-16　在某短视频中植入产品文案

1.3　新媒体文案岗位

随着新媒体的迅猛发展，各企业也将其作为品牌宣传、营销推广的重要阵地，由此催生出新的岗位——新媒体文案岗。本节将介绍新媒体文案的岗位职责与岗位要求等内容。

课堂讨论

（1）新媒体文案的岗位职责有哪些？

（2）新媒体文案有哪些具体的岗位要求？

1.3.1　新媒体文案的岗位职责

要想成为一名合格的新媒体文案写作人员，首先需要了解岗位职责，其中主要包括以下几项。

（1）负责撰写新媒体平台上的公司产品描述，要抓住卖点，跟进热点，编写能突出产品特点、展现产品价值、使用户产生强烈购买欲的文案。

（2）负责公司品牌文案、广告文案、活动文案、新闻稿等各类文案的策划和撰写工作。

（3）了解并学习平台规则，分析竞争对手的文案策划特点，洞察用户心理，撰写文案，提升公司和品牌的形象。

（4）熟练掌握各类网络推广方式相关文案的撰写方法，如论坛推广、微商推广、社交网络服务（Social Network Service，SNS）推广等。

（5）完成与运营相关的文案创作，为产品推广提供文案支持，协助公司团队完成推广方案的策划和撰写工作。

（6）负责新媒体平台网页端的内容传播、软文推广工作，负责新媒体平台移动端的日常运营及推广工作。

 素养课堂

新媒体文案写作人员应遵守相关法律法规

新媒体文案写作人员是网络内容的设计师和建设者，必须清楚哪些信息是能在网络上传播的，哪些信息是不能传播的，这就要求新媒体文案写作人员遵守网络信息发布的相关法律法规。《中国互联网行业自律公约》对网络从业者提出了一些要求，其中的内容可以供新媒体文案写作人员参考。以下是《中国互联网行业自律公约》的部分内容。

（1）不制作、发布或传播危害国家安全、危害社会稳定、违反法律法规及迷信、淫秽等有害信息，依法对用户在本网站上发布的信息进行监督，及时清除有害信息。

（2）不链接含有有害信息的网站，确保网络信息内容的合法、健康。

（3）制作、发布或传播网络信息，要遵守有关保护知识产权的法律、法规。

（4）引导广大用户文明使用网络，增强网络道德意识，自觉抵制有害信息的传播。

（5）互联网接入服务提供者应对接入的境内外网站信息进行检查监督，拒绝接入发布有害信息的网站，消除有害信息对我国网络用户的不良影响。

（6）互联网信息网络产品制作者要尊重他人的知识产权，反对制作含有有害信息和侵犯他人知识产权的产品。

1.3.2 新媒体文案的岗位要求

新媒体文案写作人员除了要具备写作技能，还必须具备市场运营敏感性和分析能力，具备敏锐的洞察力和丰富的想象力。除此之外，新媒体文案写作人员还要满足胜任该岗位的基本要求，主要包括以下几点。

（1）具备相应学历及相关工作经验。文案编辑相关岗位都会要求从业人员有大专及以上学历，企业一般会倾向于选择广告、新闻、汉语言文学等专业且有经验的应聘人员，个别企业还要求应聘人员通过全国大学英语四级考试。

（2）拥有良好的文字功底，拥有较强的文案策划能力、PPT 制作及陈述能力；文笔流畅，有良好的写作品牌故事、新闻稿、企业软文、产品软文、论坛文章等方面的能力。

（3）能透过现象看到本质，善于抓住舆情趋势，对互联网及新媒体行业的热点和网络文化有高敏感度及较强的理解能力。

（4）新媒体文案写作人员需要与其他各部门的工作人员进行沟通和协调，因此需要具有良好的团队协作能力。

（5）思维活跃，有创意，善于从多个角度去看待问题，找到分析问题的不同切入点。

（6）具备高度的责任感及严谨的工作态度，有爱岗敬业、诚实守信的工作作风和严谨踏实的工作态度。

（7）熟悉专业创意方案，思维敏捷，洞察力强，有丰富的想象力与优秀的创造力，熟悉广告文案的表达。

1.3.3 新媒体文案的岗位职业素养

新媒体文案的岗位
职业素养

拥有良好的职业素养，可以帮助新媒体文案写作人员更好地应对文案工作中的各种问题，促使其不断学习、进步，写出优秀的文案。职业素养主要包括职业信念和职业能力。

1. 职业信念

新媒体文案写作人员在写作文案时应持有正确的信念，如此才能为文案的写作树立大局观，具体要求如下。

- 树立积极正面的营销意识和行业竞争观，形成正确的文案写作方向与动机。
- 培养创新思维、创新意识和创新能力，形成以创新为立足点的文案策划与写作观。
- 形成系统、完整、条理清晰的产品推广理念。

2. 职业能力

新媒体文案写作人员应拥有充足的知识储备与工作能力，掌握相关法律法规知识，为写作优质的新媒体文案奠定良好的基础。

（1）知识储备。新媒体文案写作人员需要具备大量的知识储备，具体如下。

- 掌握新媒体文案的含义、特点。
- 掌握新媒体各类型文案的写作方法与切入角度。
- 学习广告学和传播学知识，让文案更具营销性。
- 了解各种创意思考策略和文案生成的方法。
- 注重积累，学习别人的文章、创意、经验。
- 了解行业知识及具体的产品特性、功能等，使文案更具针对性。
- 了解用户的消费心理与行为，让文案更贴近用户的真实心理。

（2）工作能力。在从事新媒体文案工作时，新媒体文案写作人员应至少具备以下5种能力。

- 写作能力。写作能力包括写作文案时的语法、逻辑等相关能力；灵活写作文案具体内容的能力，即根据不同的文案类型进行不同语言风格的描述的能力。
- 软件运用能力。互联网上的内容有文字、图片、声音、视频等，由多种软件制作而成，因此，新媒体文案写作人员应具备相应的软件运用能力。
- 审美能力。新媒体文案写作人员只有具备一定的审美能力，才能写出符合用户需求的文案。一般来说，审美能力主要表现在文字排版和图文搭配两个方面。

- 分析能力。分析能力包括对公司、品牌定位和风格进行分析，对产品投放的市场、面向的目标用户、用户的需求和消费心理进行分析，以及对投放渠道及用户反馈进行分析的能力。分析能力能使新媒体文案写作人员快速对文案进行有条理的输出，使文案层次清晰、表述合理。杰出的分析能力更能帮助新媒体文案写作人员抓住产品的核心卖点，写出直击用户痛点的文案。

- 学习能力。学习能力是人们在学习、工作及日常生活中必须具备并广泛使用的能力。新媒体文案写作人员是新技术的使用者，只有不断地学习，掌握新的技术，把握新的潮流趋势，创造新的网络内容和形式，才能跟上新媒体行业发展的步伐。

（3）相关法律法规知识。新媒体文案写作人员要具备相关法律法规知识，要熟悉《中华人民共和国著作权法》《中华人民共和国网络安全法》《互联网信息服务管理办法》《互联网用户公众账号信息服务管理规定》《互联网直播服务管理规定》等法律法规。同时，新媒体文案写作人员还要熟知包括肖像权、隐私权、名誉权等内容在内的基本法律法规，树立依法编辑的意识，维护自身和他人的合法权益。

1.3.4　新媒体文案的岗位发展前景

新媒体文案行业的内容随着网络的快速发展而不断变化，新媒体文案岗位的发展前景呈现以下趋势。

1．重视内容创作

原创和高质量的优质内容是吸引和保持用户关注的关键。对于新媒体文案写作人员来说，重视内容创作、不断学习新技能是非常重要的。

2．增强用户体验

用户体验将成为新媒体文案写作人员更重要的考虑因素，新媒体文案需要更多地关注用户的需求和预期。

3．短视频、直播型内容比重加大

当下，"90后""00后"已经成为主流的消费群体和信息受众，他们更看重品质化、个性化的产品和服务，对内容的多元化变化趋势接受度很高。尤其在移动互联网广泛应用之后，短视频、直播型内容成为他们感兴趣的形式。短视频账号、直播账号的粉丝数量增长很快，营销收益更是屡创新高，这也让新媒体文案内容更偏向短视频、直播型内容。

4．注重正能量引导

新媒体的导向性越来越强，它更加强调社会主义核心价值观的输出，且相关平台用户多为年轻人，他们更加关注社会现状、民生等相关事件和新闻。新媒体文案以这些内容为素材，输出正向的价值观，更容易获得用户的认同与好感，这也成为未来新媒体文案的发展趋势。所以，新媒体文案写作人员平时要注意对社会事件的关注，创作优质内容，传播正确的价值观。

5. AIGC

AIGC（Artificial Intelligence Generated Content，人工智能生成内容）在文本、图像和音视频等多领域高速发展。近年来，诞生了许多主打 AIGC 的创作体验平台。其中，智能写作在日常办公中具有相当好的落地前景，例如，新闻写作、广告文案写作、金融报告写作、行政文书写作等办公场景中都有相关智能写作产品得到应用。

本章实训

新媒体文案岗位分析

【实训要求】

（1）了解新媒体文案岗位的现状。

（2）分析新媒体文案岗位的职责和要求。

【实训内容】

查看不同类型的网络平台对新媒体文案岗位的招聘需求，以初步了解设置新媒体文案岗位的目的，然后结合本章知识和自身职业规划，形成报告。

（1）通过招聘网站搜索"新媒体文案"，如图 1-17 所示。

（2）分别查看不同网络平台，如电子商务网站、政府网站、新闻网站、企业网站、微信公众号平台、短视频平台、直播平台等的新媒体文案岗位的招聘信息，如图 1-18 所示。

图 1-17　通过招聘网站搜索"新媒体文案"

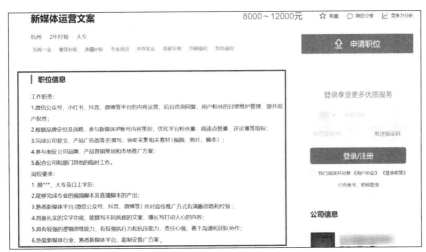

图 1-18　相关招聘信息

（3）从岗位职责和任职要求两个方面分析招聘启事，总结需要完成的工作类型，以及应具备的学历、经验、知识结构和能力。

思考与练习

一、填空题

（1）新媒体文案按广告目的可分为_____和_____。

（2）_____是指企业将产品或品牌信息融入新闻报道、公益宣传、网络视频等中，使用户在接触这些信息的同时，不自觉地接收广告信息。

（3）新媒体文案按表现形式可以分为_____、_____和_____。

（4）AIGC即_____，意思是基于人工智能生成的内容。

二、选择题

（1）（　　）通常以塑造品牌形象、提升品牌知名度为主要目标。

    A. 品牌类电商文案　　　　　　　　B. 促销推广类电商文案

    C. 展示类电商文案　　　　　　　　D. 产品详情页文案

（2）下面哪一项不是新媒体文案的特点？（　　）

    A. 传播内容多元化　　　　　　　　B. 发布成本高

    C. 互动性强　　　　　　　　　　　D. 更个性化

（3）（　　）是一种常见的文案形式，其目的是展示产品，促进产品销售。

    A. 品牌类电商文案　　　　　　　　B. 促销推广类电商文案

    C. 展示类电商文案　　　　　　　　D. 直播类文案

（4）下面哪一项不是新媒体文案的岗位职责？（　　）

    A. 负责撰写公司在新媒体平台上的产品描述

    B. 负责撰写公司的品牌文案、营销广告语

    C. 分析竞争对手的文案策划特点

    D. 负责设计宣传页面

三、思考题

（1）什么是新媒体文案？

（2）常见的新媒体文案平台有哪些？

（3）新媒体文案的岗位要求有哪些？

（4）新媒体文案的岗位职业素养有哪些？

第2章
新媒体文案写作的基础

新媒体文案通常由标题、开头、正文和结尾等部分组成，好的标题是吸引用户注意力的首要因素，精彩的开头和正文则是引导和刺激用户了解品牌或购买产品的关键因素。只有将它们完美地结合在一起，才能达到新媒体文案所追求的营销目的。本章主要介绍新媒体文案结构的确定、新媒体文案标题的拟定、新媒体文案开头的写作、新媒体文案正文的写作、新媒体文案结尾的写作等内容。只有掌握了这些新媒体文案写作的基础知识，才可能写出好的新媒体文案。

知识目标

☑熟悉新媒体文案结构的确定。
☑掌握新媒体文案标题的拟定。
☑掌握新媒体文案开头的写作。
☑掌握新媒体文案正文的写作。
☑掌握新媒体文案结尾的写作。

—— 引导案例　**江小白：一个凭借文案走红的品牌** ——

重庆江小白酒业有限公司（以下称"江小白"）于 2011 年成立，它颠覆了传统白酒"高大上"的品牌形象，精准定位到年轻群体，并专注于为他们服务。江小白的成功，离不开其创新的营销策略。它借助互联网，围绕年轻人的兴趣，打造了集社交表达、情感寄托、文化代表于一体的年轻的品牌形象。

有人曾说"江小白卖的不是白酒，是文化"，而这正是江小白的魅力所在。 江小白的白酒口味独特，产品包装也与传统白酒有所区别。它的瓶身设计别致，瓶子上会印刷各种不同的语录，或是表达情感，或是发表对生活的见解。这就是江小白特有的"表达瓶"，它赋予了白酒新的生命和意义。江小白的产品以经典的"表达瓶"为主，围绕着今天与明天、爱情、自由、想念等话题展开。这些话题都是年轻人关注的热点，也是他们生活的真实写照。江小白的营销团队精心挑选了富有故事感的拍摄场景，将这些话题以情感化的方式呈现出来，让消费者在品味白酒的同时，也能感受到生活的美好和情感的温度。

以下是江小白典型的文案语录。

"无畏的逐梦人孤独出发，路途中有你有酒不孤单。"

"我是江小白，生活很简单。"

"最怕不甘平庸，却又不愿行动。"

"不是所有问题都有正确答案，不是所有聚散都有最佳时机。"

"纵然时间流逝，我们依然年轻。"

"所谓身不由己，都是因为己不随心。"

"习惯了不期而遇，就不敢主动邀约。"

"攒够了思念，等一场相聚。"

"我们的相识，是一场蓄谋已久的意外"。

这些文案对消费者情绪进行深度挖掘，直达人心，能很自然地引起年轻人的共鸣。可能你即使不喝白酒，不买江小白的产品，也依然认同它的文案，因为"江小白还是懂我的"。江小白是一个成功的白酒品牌，它以创新的营销策略和独特的品牌理念，赢得了年轻人的喜爱和信任。它的成功并非偶然，而是源于其对市场的精准定位和对年轻人的深刻理解。

思考与讨论

（1）江小白是如何取得成功的？

（2）从网上搜索江小白的文案，分析其特点。

2.1　新媒体文案结构的确定

新媒体文案结构的
确定

为了更好地吸引用户、传达信息并实现营销目标，需要确定好新媒体文案的结构。简单来说，新媒体文案的结构就是新媒体文案的布局和组织方式。一个清晰、有条理的文案结构，能让用户清晰地获取文案传达的信息，增强文案对用户的吸引力。

课堂讨论

（1）常见的新媒体文案结构有哪些？

（2）新媒体文案结构有什么作用？

2.1.1　并列式结构

并列式结构是指在撰写新媒体文案时，通过将相关或相似的元素并列呈现，形成一种相互关联、互为补充的结构。并列式结构一般从描述主体的各方面特征入手，不分先后顺序和主次，各部分并列地叙述事件、说明事物。采用并列式结构时，各部分是相互独立的，能够从不同侧面来阐述主体。

例如，某企业的产品详情页文案就常采用并列式结构，分点并列介绍产品卖点，各卖点之间没有明显的主次之分，如图 2-1 所示。

新媒体文案并列式结构的常见分类如下。

（1）时间并列。时间并列即将文案中的各个元素按照时间顺序并列呈现，可以突出时间变化和过程。

（2）空间并列。空间并列即将文案中的各个元素按照空间位置并列呈现，可以突出空间变化和场景转换。

（3）类别并列。类别并列即将文案中的各个元素按照一定的分类标准并列呈现，可以突出不同类别之间的差异和联系。

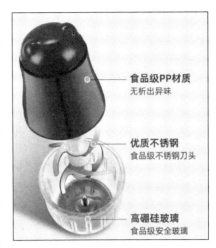

图 2-1　采用并列式结构介绍产品卖点

（4）主题并列。主题并列即将文案中的各个元素围绕不同主题并列呈现，可以突出主题的多样性和丰富性。

2.1.2　总分式结构

总分式结构是指在撰写新媒体文案时，首先总体介绍想要表达的主题，然后围绕这个主题进行分层叙述。这种结构能有效地将文案的核心信息明确地呈现出来，引导用户跟随新媒体文案写作人员的思路，深入理解主题。

采用总分式结构的文案可以让用户快速获取所需的信息，同时还能突出主题，增强文案对用户的吸引力。下面的文案就是典型的总分式结构。

【总】在这个快节奏的生活中，您是否渴望拥有一个温馨、舒适的家，一个能为您的生活带来便利的家？那么，×××智能家居系统将是您的最佳选择。

【分】

一、智能化设计，生活更轻松。我们的智能家居系统将为您的生活带来前所未有的便利，一键即可控制灯光及空调、电视等家电。

二、安全无忧，守护家人。×××智能家居系统配备了先进的安防系统，实时监控家中的安全状况，让您和家人安心在家，安全无忧。

三、节能环保，绿色生活。我们的智能家居系统能够根据您的习惯和天气情况自动调节家中的温度和光线，帮助您节约能源，实现绿色环保的生活方式。

四、个性定制，贴心服务。我们提供个性化的定制服务，根据您的需求和喜好，打造专属于您的智能家居环境。同时，我们还提供专业的售后服务，让您无后顾之忧。

赶快来感受×××智能家居系统的魅力吧！拨打客服电话，或者访问我们的官方网站，开启您的智能生活之旅！我们期待与您携手共创美好未来！

!!! 提示与技巧

在新媒体文案创作中，除了常见的总分式结构，还有另一种常见结构——总分总式结构。这种结构在总分式结构的基础上增加了一个结论，以对全文进行归纳、总结和必要的延伸。在结论部分，新媒体文案写作人员需要用精练的语言总结全文，并在此基础上进行必要的延伸，以深化主题，引起用户的共鸣。

2.1.3　欲扬先抑式结构

欲扬先抑式结构是指在撰写新媒体文案时，首先展示其不足或负面之处，然后逐步展示其优点或正面之处。这种结构在文案写作中非常常见，能够创造出出人意料的惊喜效果，让用户在情感的起伏中产生共鸣。例如，要写某个人的好，可以先写他的缺点，再通过展示他的优点来赞扬他，但要注意"抑少扬多，扬能压抑"。

加多宝的"对不起"系列文案，以其独特的欲扬先抑式结构，成为业界的经典之作。在该系列文案中，加多宝在文案每一段的前半部分都在贬低自己，而在后半部分则高度赞扬自己，展现出自己的优势。这种结构在加多宝的文案中得到了绝佳的应用。

首先，让我们来看看加多宝的"对不起"系列文案的第一段："对不起！是我们太笨，用了 17 年的时间才把中国的凉茶做成可以比肩可口可乐的品牌。"这句话的前半部分，看似是在自责和表示谦虚，承认自己的发展时间漫长，但实际上，这是在为之后的高潮部分做铺垫。接着，文案的第二段来了："对不起！是我们太自私，连续 6 年全国销量领先，没有帮助竞争对手修建工厂、完善渠道、快速成长……"在这里，加多宝"不经意"地炫耀了自己的销量，承认了自己的"自私"行为——没有帮助竞争对手成长。然而，这种看似自责的表述实际上揭示出加多宝的实力和影响力。这样的文案不仅让用户产生了期待感，而且通过反转，成功地吸引了用户的注意力，让用户对品牌产生了更深的认同感。

2.1.4　递进式结构

递进式结构是一种通过逐步深入的叙述方式，吸引用户注意力并激发其兴趣的文案结构。它遵循一定的逻辑顺序，由浅入深地展示产品或服务的优势，让用户在阅读过程中逐渐被吸引，进而产生购买欲望。采用递进式结构进行文案写作的重点在文案的后半段，且写作思路倾向于逻辑推理，文案中有一条清晰的思维脉络，可以引领用户持续阅读，以免用户中途"撤退"。

以下是一个采用递进式结构的文案案例，适用于推广健康食品。

随着生活节奏的加快，越来越多的人开始关注自己的身体健康。（开头）

我们都知道，健康的饮食是保持身体机能正常的关键。然而，繁忙的工作和生活常常让我们无暇为自己准备营养丰富的餐食。（递进）

这时，一款新的健康食品——××××，便成为许多人的最佳选择。它不仅美味可口，而且富含各种营养成分，如维生素、矿物质和膳食纤维等，可以帮助您保持健

康。（再次递进）

更重要的是，它还具有易于携带和方便食用的特点，无论您是在办公室、出差还是在旅行途中，都可以随时随地享用。它为您的生活带来了极大的便利。（再次递进）

现在，赶快行动起来，为自己或家人订购一份吧！您将在享受美味的同时保持身体健康。点击下方链接即可购买！（呼吁行动）

这篇文案通过逐步递进的方式，让用户了解到产品的优点和实用性，同时也激发了用户的购买欲望。通过逐步引导用户采取行动，这篇文案成功地达到了营销目的。

> **!!!提示与技巧**
>
> 需要注意的是，由于采用递进式结构的文案是层层递进地表达文案的主题的，所以新媒体文案写作人员在创作这一类型的文案时，在开头就要牢牢抓住用户的眼球，引导其完整阅读文案。

2.1.5　三段式结构

三段式结构是一种常见的文案组织方式，这种结构有助于清晰地传达信息，并使用户更容易理解和接受。这种结构比较适用于篇幅较长的文案，这类文案主要分为 3段，各段作用如下。

（1）第一段为开头，用于吸引用户的注意力，简明扼要地提出主题或问题，用生动的语言将用户带入场景，并使用户产生情感共鸣。

（2）第二段为主体，是文案的核心，它详细阐述写作者的观点或产品特点，针对第一段的内容展开描述，交代详细的背景、过程和相关的细节。

（3）第三段为结尾，用于重申主题，强化用户印象，给出呼吁或建议，鼓励用户采取行动。

> **!!!提示与技巧**
>
> 值得注意的是，这里的"3 段"并不是指文案由"3 个自然段"组成，而是指将全文分为"3 个部分"。

以下是一个三段式结构文案案例。

开头：简短地介绍主题，并抛出一个问题或故事来吸引用户。例如，"你是否曾经为朋友圈的点赞数和留言数少感到苦恼？这些小技巧可以帮你解决这个问题！"

主体：详细介绍你的产品或服务，以及它如何帮助用户解决他们的问题。例如，"我们的产品是一款社交媒体营销工具，可以帮助你在朋友圈更好地展示自己，提高互动率。同时，我们还提供一对一的指导，确保你能够充分利用这款工具！"

结尾：发出行动号召，引导用户采取行动。例如，"现在就添加我们的客服微信号，了解更多详情，让你的朋友圈变得更受欢迎吧！"

三段式结构在很多新媒体文案中都能看到，因为它非常符合用户的阅读习惯，能够帮助他们更轻松地理解产品或服务。同时，三段式结构文案通过在结尾处发出行动号召，能够提高用户转化率。

2.1.6　穿插回放式结构

穿插回放式结构一般以某物或某种思想情感为线索，通过插入、回忆、倒放等方式将内容串联、组合成一个整体，具有跨越时空、内容灵活等特点。新媒体文案写作人员采用该结构时，需先选好用于串联内容的线索，然后围绕该线索组织内容。

穿插回放式结构能够以其独特的叙事方式有效地增强用户的阅读兴趣并加深其理解，如将故事的前因后果清晰地呈现出来，使用户更好地理解故事的全貌。同时，这种结构也能够帮助新媒体文案写作人员更好地传达信息，增强文案的吸引力。

以下是一家咖啡厅的开业广告文案。

当晨光穿过窗户时，新的一天开始了，你所需要的，便是一杯来自××咖啡厅的咖啡。（开头）

记得那个悠闲的午后，你曾经坐在老旧的咖啡厅里，面对一杯咖啡发呆。那时候，你是在寻找一种平静的生活，还是在寻求一种闲适的感觉？××咖啡厅给你带来的全新体验，不仅仅是味道，更是对生活的热爱和对品质的追求。（插入回忆）

××咖啡厅拥有专业的咖啡师团队，精选上等咖啡豆，采用独特的烘焙工艺，保证每一杯咖啡都能给你带来独特的口感和愉悦的体验。在这里，你可以感受到每一杯咖啡的独特魅力。（插入事实）

××咖啡厅已经开业，欢迎你来这里享用一杯好咖啡，感受一份美好。现在就来××咖啡厅，让我们一起品味生活的美好吧！（结尾）

这篇文案经适当调整，可以作为许多不同类型商家的广告文案，如餐厅、美容院、健身房等的开业广告文案。通过插入回忆和插入事实，这类文案可以更好地吸引潜在用户的注意力，增强他们对广告信息的信任和兴趣。同时，结尾的呼吁能够促使他们立即行动，尝试商家的产品或服务。

2.2　新媒体文案标题的拟定

要想写好新媒体文案，就要先写好文案标题。文案标题的好坏是决定新媒体文案能否在第一时间吸引用户注意力的关键。好的文案标题是优秀新媒体文案必备的要素，它不但可以吸引用户的注意力，还能增加新媒体平台的流量。

课堂讨论

（1）新媒体文案标题写作的注意事项有哪些？新媒体文案标题的拟定原则有哪些？

（2）新媒体文案标题的写作技巧是怎样的？

2.2.1　文案标题写作的注意事项

文案标题的好坏直接影响着点击率，有时候也直接决定了广告效果。那么，文案标题写作有哪些注意事项呢？

1. 不做"标题党"

"标题党"通常是指通过夸大其词、断章取义、偷换概念等手段制造各种看似颇具创意的标题来吸引用户眼球，以达到提高点击率、增加文案浏览量、促使用户产生购买冲动等目的的人。

这些标题会给用户带来一种虚假的兴奋感和期待感，而用户在真正阅读文案时，通常会产生失望和被骗的感觉。"标题党"的常见做法如表 2-1 所示。

表 2-1　"标题党"的常见做法

做法	标题	正文
故弄玄虚	老婆不小心把银戒指掉进牛奶里，不可思议的事情发生了	过期牛奶用途
夸大其词	一个超级重磅的惊人内幕！	无关紧要的小道消息
断章取义	注意啦，苹果不能吃啦！	苹果坏了不能吃
偷换概念	广东第一美人，她来自湛江，你知道吗？	湛江海湾大桥
制造噱头	三国五虎上将之最：关羽身高最高，武艺最高的是他？	没有说谁武艺最高

 素养课堂

"标题党"的危害

对经济利益的追求是媒体存在和发展的目的之一。与传统媒体相同，新媒体同样追求经济利益，不同的是，新媒体的经济来源主要依靠广告商赞助及网民消费。与平面媒体的销量、电视媒体的收视率相似，点击率在一定程度上体现着新媒体的权威性和影响力。因而，创作能引发用户兴趣和好奇心、吸引用户点击的标题就成为新媒体文案写作人员的重要工作，"标题党"由此出现。

在当今网络时代，"标题党"普遍存在，其危害不容忽视。"标题党"不仅会影响网络环境的健康，还会对用户造成误导和伤害。"标题党"在赚取收益的同时，迅速透支了相关新媒体平台的生命力。"狼来了"的故事仍在各大新媒体平台不断上演。浮夸、假大空的标题即使能够成功勾起用户一时的猎奇心理，但终究不会获得市场的认同。

无视标题与事实的关系，片面追求耸人听闻的标题，违背了媒体行业所强调的"客观""真实"的基本操守，是不可持续的，长此以往，将破坏媒体行业的整体生态。因此，新媒体文案写作人员需要加强自律，不做"标题党"，维护好网络环境。

2. 要不断突破创新

在新媒体时代，一切都变化得很快，包括文案标题也在随着用户需求的不断变化而变化。因此，新媒体文案写作人员需要不断突破创新，打破固有模式，不断学习和探索新的文案标题写作技巧和方法，提高自己的写作水平，这样才能在竞争激烈的新媒体市场中脱颖而出。

3．简短明了

文案标题要简短明了。一个好的标题要能够让用户在第一时间明白你的文案主题是什么，文案有什么样的价值。因此，在撰写文案标题的时候，一定要把握好字数和语言，做到言简意赅。

4．根据不同的平台拟定不同的文案标题

在新媒体时代，多平台分发已经成为内容创作的主流趋势。各种社交媒体平台、新闻平台、电商平台和短视频直播平台不断涌现，并且都有其独特的定位、属性和风格。因此，新媒体文案写作人员要不断学习和适应各种平台的特点和规则，根据不同的平台拟定不同的文案标题，以实现最佳的传播效果。

5．不断修改和优化文案标题

标题是文案的"门面"，其重要性不言而喻。一个好的文案标题可以迅速吸引用户的注意力，激发他们的阅读欲望；反之，一个糟糕的文案标题可能会让用户失去继续阅读的兴趣。因此，作为新媒体文案写作人员，需要时刻关注标题的拟定，不断尝试和优化，以增加文案的点击量。例如，某知名新媒体文案写作人员每天都撰写文案标题，有些文案标题甚至要修改 50 次以上，他撰写的标题都能吸引用户、促进文案二次传播。

2.2.2 文案标题的常见类型

在编写文案标题之前，新媒体文案写作人员需要了解常见的文案标题类型，并从中选择合适的类型。

文案标题的常见类型

1．颂扬式标题

颂扬式标题是指用正面、积极的态度，对产品或服务的特征、功能进行适度、合理的称赞，以突出产品或服务的优点。这类标题很容易给用户留下良好的印象，让用户了解新媒体文案中产品或服务的优点。例如，图 2-2 所示的某电动多功能真皮沙发的文案标题就属于颂扬式标题，该文案标题直接称赞了产品的独特优势，给用户留下了深刻印象。

> !!!提示与技巧
>
> 在写作颂扬式标题时要注意称赞的分寸，不能出现夸耀过度、不真实的情况，否则反而会造成用户的逆反心理，严重影响新媒体文案的宣传效果。

2．提问式标题

提问式标题的目的是启发用户思考，促使用户对产品或服务产生兴趣或者产生共鸣。图 2-3 所示为提问式标题，该标题会引起用户的关注和思考，使用户产生购买冲动。提问式标题通常包含"为什么""如何""怎么办"等字样，提问的形式会促使用户在浏览标题时进行思考。

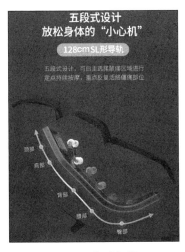

图 2-2　颂扬式标题

图 2-3　提问式标题

3．宣示式标题

宣示式标题是目前常用的一种文案标题形式。其特点就是直观明了、实事求是，通过简明扼要的说明使人一目了然。这类标题中规中矩，虽然创意不足，但胜在平实、自然。新媒体文案写作人员在撰写这类标题时，可以适当添加一些修饰性的或比较有新意的词语，以吸引用户的注意。

图 2-4 所示的标题"帆布鞋面　纯色简洁"就属于宣示式标题。该新媒体文案用这样一个标题直截了当地说明了这款鞋子采用帆布材质，颜色简洁大方。

4．新闻式标题

新闻式标题以报道事实为主。在撰写新媒体文案的过程中，新闻式标题或者是直接告诉用户最近发生的有意义的事实，或者是介绍新上市的产品。其目的在于引起用户的注意，从而吸引他们继续阅读新媒体文案内容。图 2-5 所示的某手机文案"新品上市　预订享多重好礼"就属于新闻式标题。

图 2-4　宣示式标题

图 2-5　新闻式标题

新闻式标题常用的词语包括"新款""新品上市"等，有时也可以将产品与当前发生的新闻事件相结合。例如，"从即日起到本周五，在本店下单购物，本店将会用你所付费用的 10%向灾区捐款"。

5．诉求式标题

诉求式标题是使用劝勉、叮嘱、希望等语气撰写标题，让用户快速采取相应的行动。诉求式标题如"请善待你身边帮助你的人，因为他们……""企业营销的方式变了，再不懂就晚了"。

撰写诉求式标题有以下 3 种方式。

（1）主动地劝说或暗示用户思考或做某件事。

（2）直接向用户说明所推荐产品的某种用途或使用方法，以博取用户的关心或引起用户的共鸣，达到刺激用户购买的目的。

（3）直接列出具有利益性的词语，增强标题的感染力。

6．对比式标题

对比式标题是通过与同类产品进行对比来突出自己产品的特点，或者通过产品使用前后的效果对比来加深用户对自己产品的认识。通过对比，商家可以让自己产品的性质、状态、特征更加鲜明突出。

图 2-6 所示的某淘宝店铺主营的汽车保险杠文案中"看看安装前后对比　瞬间提升汽车档次，你还在犹豫吗？"就是一种对比式标题。这种标题通过对比引出要宣传的产品，暗示用户购买这款产品可以提升汽车档次，防剐防蹭。

7．"恐吓式"标题

采用"恐吓式"标题可以进行一定的夸张，但也应以事实为依据，不能扭曲事实，要通过陈述某一事实引导用户意识到他可能面临的危险，从而让其产生一种危机感。

图 2-7 所示为某款汽车车衣的文案，文案中列出了几种没有汽车车衣的烦恼，以"恐吓式"标题引发了用户对自己的爱车没有汽车车衣的担忧，进而让用户对后续的产品介绍产生兴趣。

图 2-6　对比式标题

图 2-7　某款汽车车衣的文案

8．悬念式标题

悬念式标题是指通过在标题中设置一个悬念来吸引用户的注意力，使用户产生追根究底的心理，使其在寻求答案的过程中不自觉地对产品产生兴趣。好奇是人的本能，悬念式标题就是利用了用户的好奇心，促使其继续阅读下去。

图 2-8 所示为某抽油烟机的产品详情页文案，通过"真正的高级感　隐藏在细节之中"这一标题制造悬念，接着罗列了具体细节，让用户对产品产生好奇，促使他们对产品进行关注，进而使用户对品牌产生好感，从而下单购买。

在选用悬念式标题时，新媒体文案写作人员要将事实与悬念的线索相匹配。此外，标题引用的事实一定要是最近发生的事情。同时，悬念的设置要简明且单一，新媒体文案写作人员要把握好悬念的度，既不要使用太过"暴露"的话语来提示用户，也不要"隐藏"得太深。

图 2-8　某抽油烟机的产品详情页文案

2.2.3　文案标题的拟定原则

标题是新媒体文案的核心要素之一，一个好的标题能迅速引起用户的阅读欲望，提高点击率。新媒体文案写作人员在拟定文案标题时，要遵循以下原则。

1．真实原则

真实是指标题所表达的意思与文案内容完全一致。只有表达真实，标题才能得到用户的信任，并与用户建立真正牢固的关系。这也是新媒体文案的特点和新媒体文案写作人员的职业道德要求。

好的文案标题要能够真实反映文章内容，避免夸大宣传和虚假宣传。因此，在撰写标题的时候，要尽可能地使用一些真实、准确的词汇和表达方式。

2．通俗易懂原则

标题创作要追求通俗易懂的表达方式，尽可能降低用户的阅读门槛，缩短用户做出购买决策的时间。不同的新媒体文案有不同的定位，有的追求高雅经典，有的追求"接地气"……但对于普通用户来说，通俗易懂的标题才是最能让人接受的。文案标题需要先让用户容易接受，因为用户只有接受了，才有可能进一步查看并接受新媒体文案的具体内容。

3．利益性原则

利益性原则是非常重要的标题拟定原则，指标题应尽量体现出产品或服务能带给用户的利益，即用户能从产品或服务中得到什么好处。

4．精准信息原则

信息通常包括产品标签（名称、性能等）、矛盾冲突点和数据等。新媒体文案写作人员要从中提炼出能够表现主题的信息，将其组合成标题，带给用户较为直观的内容感受，并吸引用户的注意力。例如，"某某连衣裙如何做到月销 10 万件"这个标题，能够向用户展示精准的信息——月销 10 万件。

5．情感原则

情感的存在使人们的生活丰富多彩。在网络虚拟化的时代，真实温暖的情感更容易带给用户心灵的触动。统计数据显示，情感类新媒体文案在网络中的传播率要高于其他类型的新媒体文案。新媒体文案的标题如果能突出情感，将主题用合理的情感表达出来，带给用户温暖，就很容易得到关注，从而为商家带来较大的流量。

6．突出亮点原则

突出亮点是指在标题中凸显文案的重要内容和中心思想。一般说来，亮点包括：最新的、最重要的、最显著的内容，广大用户所不知晓的内容，新异、反常的内容，与广大用户关系密切的内容，在社会上已经产生重大影响的内容，事态正在发展并将产生广泛和深远影响的内容，广大网民具有共同兴趣的内容，具有典型意义的内容，等等。例如，新闻标题"亚运会花样游泳每队上场几人？"就突出了广大用户所不知晓的内容，运用了突出亮点原则。

2.2.4 文案标题的写作技巧

标题决定了文案给人的第一印象，在新媒体文案写作中占有重要地位，能够决定用户到底会不会看这则文案。作为一名新媒体文案写作人员，必须掌握文案标题的写作技巧。

文案标题的写作
技巧

1．借热点

借热点是指借助最新的热门事件、新闻热点等，并以此作为文案标题创作的源头，利用用户对社会热点的关注来引导他们关注文案，从而提高点击率和转载率。热点包括世界杯、春节、奥运会、热播电视剧和时事热点等。

新媒体文案写作人员可以利用百度热搜榜、今日头条热榜等来获取最新的热点，并在撰写文案标题时巧妙地借助这些热点。例如，2020 年东京奥运会，某商家销售的产品的标题文案中含有"2020 奥运会乒乓球服套装男女款短袖羽毛球衣国家队比赛新款运动服"，用户在选购产品时，看到关联的热点事件，会意识到两者之间有共同点，从而会产生一种天然的好感。

2．借好奇心

大多数人都有探究事物的喜好，喜欢探索未知的秘密。因此，令人充满好奇的标题通常更能引发关注。例如，"1 则可以帮你省 30000 元的文案""什么玩具是孩子永远玩不够的"。

3．借文化

新媒体文案写作人员可以将诗词、典故、戏曲等经典文化元素融入文案标题中，以增加标题的文化内涵，带给用户高雅的感受，具有文化底蕴的标题也更能吸引用户的关注。借文化的标题如"繁荣诗词文化，谱写当代华章""创新与传统齐飞，文化共时代一色""九万里风鹏正举，文创之责吾辈挑""尘雾之微补益山海，萤烛末光增辉日月"。

4．借数字

借数字是指将正文的重要数据或整篇文章的思路架构整合到新媒体文案标题中。数字化标题一方面可以利用引人注目的数据引起用户注意，另一方面可以有效提高阅读标题的效率。数字代表的是精确、权威、客观和专业，在标题中加入数字不仅能很快在用户面前建立可信度，还能以一种有冲击力的方式迅速准确地抓住用户的注意力。

新媒体文案标题中经常充满了各种数字，从"9.9 元包邮"到"9.9 元最后 1 小时"，从"1 小时销售 500 件"到"全网销量 50000 件"，从"直降 100 元"到"立减 60 元"，几乎可以说"无数字，不文案"。

图 2-9 所示的标题就是借数字的文案标题。该标题就是直接利用数字向用户展示促销活动的优惠条件"满 199 元减 10 元"。另外，文案中还有活动时间，认可该优惠条件的用户可能就会在活动期间下单购买。

5．借个性

在网络内容同质化时代，借个性的标题非常容易吸引用户的注意力。有个性的新媒体文案标题，要么是直接描述新事物，要么是将用户听过的事物以一种全新的方式进行呈现。好的标题写作要充满创意、有个性，要尽量做到与众不同。

对于电商文案来说，好的文案标题的精妙之处在于它能强化销售信息，加深用户对产品的印象。找到恰当的卖点并将其体现在标题中，是产品畅销的重要因素，很多产品会在其电商文案的标题中直接展示个性化卖点。图 2-10 所示为某品牌插排的文案，其标题中就有"新国标·安全大升级"这一个性化卖点。

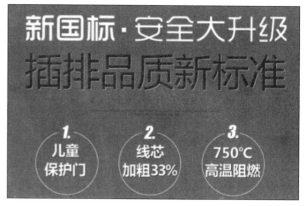

图 2-9　借数字的文案标题　　　　　　图 2-10　某品牌插排的文案

2.3　新媒体文案开头的写作

新媒体文案开头的
写作

一旦文案标题吸引了用户的眼球，他们就有可能继续阅读正文内容，寻找更多的信息。因此，新媒体文案开头的写作就显得尤为重要。一个好的开头不仅能激发用户的阅读兴趣，还能为接下来的正文内容奠定良好的基础。

课堂讨论
新媒体文案开头有哪些常见的写法？

2.3.1　开门见山

开门见山就是直接点明主题，对文章的核心内容或观点进行高度概括。这种写作方法在文章开头或引出主要人物，或引出故事，或揭示主题，或点明说明的对象。它要求快速切入文章中心，将文章需要表达的内容直接传达给用户。对于以促销推广为目的的新媒体文案来说，开门见山就是直接说明某产品或服务的独特卖点。这类开头可围绕所营销产品或服务本身的功能或特性展开，同时结合用户的情况，以引起用户的共鸣。

图 2-11　开门见山式文案开头

图 2-11 所示的文案开头便是开门见山地围绕营销的产品来进行叙述。

2.3.2　引用经典语句

在浩如烟海的文学宝库中，我们总能发现一些经久不衰、影响深远的经典语句，它们或诠释人生哲理，或诉说人性情感，或激发我们的思考。借用这些具有典范性、权威性的经典语句作为文案的开头，不仅可以增强文案的可读性，还能有效地吸引用户的注意力。引用经典语句作为文案开头，能够提升文案的文化内涵和格调，使其更具说服力和感染力。同时，它也能激发用户的好奇心和阅读兴趣，使他们在轻松愉快的氛围中接受信息。

例如，下面的正文开头"一年之计在于春，一日之计在于晨。"就是引用的俗语。

俗话说："一年之计在于春，一日之计在于晨。"因而，智慧的人们早在春天就播下了种子，从晨曦初露便开始学习，因为他们知道"春季如晨，晨如春季"；然而，不明智的人们却仍沉浸在美梦之中，浑然不知他们若不开始行动，便将注定失败。

2.3.3　引发好奇心

新媒体文案写作人员在创作文案开头时常用的方法是引发好奇心，可以以产品或品牌为出发点进行陈述，从用户的利益出发，抓住其注意力并引发其好奇心。

制造悬念是文案写作中常用的一种技巧，它通过提出一个问题或构建一个情境，引导用户产生好奇心，进而激发他们的阅读欲望。

下面展示了 3 则文案的开头。

（1）他为什么要放弃年薪 30 万元的外企高管工作，在网上卖服装？短短一个月销售额就高达 100 万元，他是如何做到的？……

（2）5 年前，晓丽开了第一家网店，现在，她在全国有 40 家加盟店，这个小姑娘是怎么办到的？……

（3）这款手机的销量凭什么在全国手机销量中排到前 3 名？……

2.3.4　利用故事

利用故事是指在文案开头讲述一个与产品没有直接关联或看上去几乎没有关联的故事，甚至让用户完全意识不到这是一则广告文案。利用故事开头要注意故事的长短，故事主要起引导的作用，建议尽量选择短小有趣的故事。文案开头应该更加精练，需要做到字斟句酌。如果故事太长，可添加超链接，引导有兴趣的用户继续阅读。图 2-12 所示的小米文案就以"8 月 10 日雷军年度演讲，揭秘雷军最艰难的 10 个选择"为开头，这则文案一经发布便被各媒体平台争相转发，达到了较好的营销效果。

2.3.5　树立权威

权威不仅指权威人士，还包括某个行业的调查数据、分析报告、趋势研究等资料。大部分人都会相信权威。

新媒体文案写作人员无论引用什么权威信息，都一定要展示其专业性和影响力。

图 2-13 所示的某品牌漱口水在其文案开头就直接给出某实验室的数据，即引用了权威机构的权威数据，这样的文案就容易获得用户的信任。

图 2-12　利用故事式文案开头

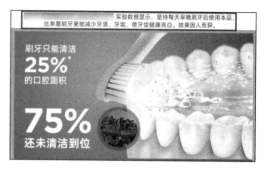

图 2-13　树立权威式文案开头

2.3.6　拟人化

拟人化就是将文案内容写成戏剧性独白或作者的陈述，并将产品虚拟为人物，向用户展现其内心活动。拟人化的独白式语言通常会带给用户一种正在亲身经历此种感受或故事的感觉，比较容易被用户接受。因为拟人化的内心独白常被认为是内心活动的真实反映，不掺杂虚假的感情，所以能给予用户情真意切、直抒肺腑的印象，引起用户的共鸣，获得用户的信任。

例如，某款核桃的产品宣传文案开头就以拟人化的手法讲述了核桃的"心情"——"虽然我脸皮薄，但我内心丰富"。文案语言生动，如叙家常，令人感到十分亲切，容易让用户在认可的同时产生购买的行为。

2.3.7　利用"引导性"的语句

"引导性"的文案开头就是将用户视为无意关注者，对文案表达形式进行创新，选择新颖的内容，以"引导"为目的，创作能够吸引用户注意、点击和深入参与的文案。"引导性"主要体现在以下方面。

（1）利益。例如，"说句话，赢大奖""免费笔记本等你来拿"等都是点击率较高的"引导性"短句。

（2）情感。以情感为"诱饵"的文案，吸引用户点击的效果通常较好。

（3）趣味。趣味是指文案语言读起来充满情趣，或是让用户感觉到阅读的方式有意思。

2.3.8　创造场景使用户产生共鸣

新媒体文案写作人员在写文案开头时，可以想象用户的阅读心态：用户此时正在什么环境下，经历着什么事情，当下是什么心情，心中有没有焦虑感，是否期待变得快乐或出现惊喜。如果新媒体文案写作人员能够代入用户的思维，就会更容易与用户产生共鸣。

2.4　新媒体文案正文的写作

新媒体文案正文是吸引用户注意的关键，它决定了文案内容是否能够引起用户的兴趣，能否引导他们深入了解企业或产品。

课堂讨论
（1）你平时喜欢看视频、图片还是文字？
（2）新媒体文案正文写作技巧有哪些？
（3）新媒体文案正文的表现形式有哪些？

2.4.1　新媒体文案正文写作技巧

优质的新媒体文案正文能够清晰地传达信息，引起用户的共鸣，激发他们的购买欲望。因此，对于新媒体文案写作人员来说，正文写作是一项至关重要的技能。下面介绍新媒体文案正文的写作技巧。

1. 明确主题

在写作正文之前，首先要明确主题。明确的主题可以吸引用户的注意力，并引导他们深入了解文案的内容。同时，主题应该具有针对性，能够满足用户的需求。

2. 简洁明了

新媒体文案正文要简洁明了，要避免使用过于复杂的句子和词汇，以便用户更容易理解和接受。这一点对于正文写作而言特别重要，因为大部分用户需要依靠正文了解产品的信息，但用户的耐心有限，如果正文表达不直接，让用户在了解产品时需要花费太多时间去猜测相关表达的意思，就会让用户丧失购买的冲动，从而导致商家丢失潜在用户。图 2-14 所示为某电商文案正文，其内容简洁明了，直接展示了产品的性能。

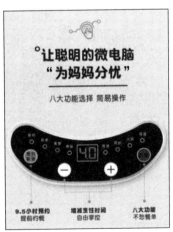

图 2-14　某电商文案正文

3. 让利于用户

新媒体文案经常会在正文中注明促销的内容，以刺激用户在最短时间内进行消费，从而提高产品销量。例如，很多产品销售文案会直接在正文中注明各种优惠信息，以促使用户产生消费行为。图 2-15 所示为让利于用户的正文。

4. 用情感来打动用户

好的正文内容是一种情感流露，新媒体文案写作人员在创作正文时应尽可能提炼语言，抓住用户的内心需要，这样才能达到好的营销效果。所以，正文中应利用简单的语句，直击用户的痛点。正文的风格无论是怀旧风还是文艺风，只要赋予情感，其就能触及用户的内心深处，引起用户共鸣。图 2-16 所示正文中的"千言万语不如懂你送给爸妈最好的礼物"，正是用情感来打动用户。

5. 用个性化内容迎合用户

随着"90 后""00 后"逐渐成为网络消费的主体人群，网络内容的目标群体也发生了变化。新媒体文案写作人员在针对这类消费人群进行创作时，要抓住他们的消费特点，如移动互联、差异化（具有展现个性的消费需求）、"宅"生活（追求高度便捷的消费方式）等。同时，新媒体文案写作人员要使用轻松、愉悦的写作风格，增强文案的个性化特点。

图 2-17 所示为某运动品牌的个性化正文。该品牌的目标群体是时尚、独立和喜欢运动的年轻用户，所以该品牌文案向用户展示出与众不同的运动风格，让喜欢这一风格的用户会按捺不住地产生购买的冲动。

图 2-15　让利于用户的正文　图 2-16　用情感来打动用户的正文　图 2-17　某运动品牌的个性化正文

6. 突出重点

正文要突出重点，让用户能够迅速了解文案的主要观点。可以使用添加标题、加粗字体、加大字号等方式来强调重点内容。同时，可以通过数字列表或分段来组织内容，使正文更加清晰易读。

2.4.2　新媒体文案正文的表现形式

新媒体文案是一种重要的信息传播载体，它通过文字、图片、语音、视频等多种形式来传递信息，吸引用户的注意力，具备较好的信息传播效果。新媒体文案正文的表现形式如下。

1. 文字式

文字式是最基础的新媒体文案正文表现形式，能使正文简洁明了、易于理解。在文字式文案中，文字应该简短、精练，有逻辑性，能够清晰地表达出文案的主题和内容。同时，应该注意文字的排版和字体的选择，以便用户更好地阅读和理解。新媒体文案写作人员可以合理规划段落结构与间距，设置不同的字号和颜色，确保文案内容详略得当、结构清晰。

2. 图片式

图片式是一种通过图片来传递信息的新媒体文案正文表现形式。图片传达的信息要比文字丰富得多，它能够更加直观地表达文案的主题和内容，增强用户的阅读兴趣。在图片式文案中，图片的选择和设计非常重要，图片应该与文案的主题和内容相符合，同时要注意质量和清晰度。

图片式文案的代表是海报文案和 H5 文案，这两种文案对图片创意及信息选择的要求比较高。因为图片的大小有限，所以新媒体文案写作人员应尽量在图片中用简短的文字突出文案的主题思想和重要信息。图 2-18 所示为图片式文案。

3. 图文结合式

图文结合式是将文字和图片结合起来的新媒体文案正文表现形式，它能够更好地表达文案正文的主题和内容，起到解释说明的作用，同时也能增强文案正文的视觉效果。在图文结合式文案中，文字和图片应该相互呼应，同时要注意文字和图片的比例和位置，以便用户更好地理解和接受。

在图文结合式文案中，新媒体文案写作人员可选择产品图、相关信息截图或表情包等作为文案配图，使其与正文的文字内容相辅相成。图 2-19 所示为图文结合式文案。

图 2-18　图片式文案

图 2-19　图文结合式文案

4. 语音式

语音式是一种通过语音来传递信息的新媒体文案正文表现形式。语音是新媒体文案中的听觉元素，它极大地丰富了新媒体文案的内涵，能够更加生动地表达文案正文的主题和内容，同时也能提升用户的体验。在语音式文案中，语音应该清晰、流畅、有感染力，能够吸引用户的注意力。同时，应该注意语速和语调的变化，以便更好地传达文案的主题和内容。

一些新媒体文案写作人员会将新媒体文案录成语音并发布到新媒体平台上，以供用户聆听，图 2-20 所示为语音式文案。

5. 视频式

视频式是一种通过视频来传递信息的新媒体文案正文表现形式。在视频式文案中，视频内容应该与文案的主题和内容相符合，同时要注意视频的质量和长度，以便更好地吸引用户的注意力。

随着移动互联网和视频技术的不断进步，网络视频在用户规模、商业模式等方面都得到了快速发展。视频具有直观性强、沟通性强等特点，这使其成为新媒体网络推广领域的"新宠"。不管是微信公众号、微博、知乎，还是小红书、抖音、快手、哔哩哔哩等平台，都能够提供视频式文案。图 2-21 所示为视频式文案。

图 2-20　语音式文案

图 2-21　视频式文案

6. 综合混搭式

综合混搭式是指将多种表现形式结合起来的新媒体文案正文表现形式。综合混搭式文案包含了文字式、图片式、语音式、视频式等不同表现形式，采用这种表现形式的文案内容十分丰富。在综合混搭式文案中，可以根据文案的主题和内容选择不同的表现形式，如"文字+图片""文字+语音""图片+视频""文字+图片+视频"等，以便更好地满足用户的阅读需求。

图 2-22 所示为综合混搭式文案，该文案采用了"文字+图片+视频"的表现形式，让用户可以通过文字、图片和视频更好地理解文案内容。

图 2-22　综合混搭式文案

2.5　新媒体文案结尾的写作

新媒体文案结尾也是相当重要的，它是触动用户情感的关键一步。新媒体文案能否打动用户，往往就看结尾是否出色。新媒体文案结尾可参考以下几种方式进行写作。

2.5.1　引导行动式结尾

引导行动式结尾是一种强有力的结尾方式，它通过明确、简洁的呼吁，引导用户采取某种行动，从而激发他们的行动意愿。这种方式能够有效地将用户的注意力从信息本身转移到实际行动上，从而增强文案的影响力。

那么，如何设计一则成功的引导行动式结尾的文案呢？

（1）选择适当的呼吁用语。一些常用的行动呼吁用语包括"立即行动""现在就做""抓住机会"等。这些用语能够明确地传达出一种紧迫感，促使用户采取行动。

（2）确保行动呼吁是具体的。一次具体的行动呼吁能够让用户明白应该如何行动，从而增强他们的信心和动力。要避免使用模糊或过于复杂的行动步骤，以免让用户感到困惑。

（3）确保呼吁是符合用户利益的。一个符合用户利益需求的行动呼吁能够更好地打动他们，让他们更愿意采取行动。例如，"每天前 15 名下单的用户免费领取手机壳。""活动期间，凡在本店购买任意一款手机，即送 200 元代金券。"就是采用了符合用户利益的引导行动式结尾。

图 2-23 所示为引导行动式结尾的文案。

2.5.2　互动式结尾

互动式结尾是在文案结尾设置互动式话题，吸引用户参与，引发他们的思考并提高参与度。可以在微博、微信、抖音、快手、小红书等注重参与评论的社交平台的文案中设置互动式话题，最好设置一些用户比较感兴趣的话题。以下是一些互动式结尾的文案示例。

（1）转发并留言，从中抽取 5 位平分 100 元。

（2）如果认可文中观点，欢迎点赞转发。

（3）已经购买并使用我们产品的用户，欢迎写出您的使用感受。

（4）来评论区聊聊，你最喜欢文中的哪一款产品？

（5）点击下方图片即可购买。

（6）你是否有过这样的疑惑：如果时光可以倒流，你会做什么？留言告诉我们答案。

（7）如果你有任何其他的问题或想法，欢迎继续留言，我们期待与你交流！

2.5.3　点题式结尾

点题式结尾是指用简洁明了的语言点明文案主题的结尾方式。这种结尾方式能够使用户更加清晰地理解文案的主旨，增强文案的说服力。结尾的文案要简短精练，以免影响文案的整体效果。

有的文案的标题和开头只对有关问题进行阐述和分析，简单叙述过程，结尾才将具体活动信息点明。图 2-24 所示的新媒体文案标题进行了直播预告，在结尾处点明了直播时间。

图 2-23　引导行动式结尾的文案

图 2-24　点题式结尾的文案

2.5.4　金句式结尾

金句式结尾，顾名思义，就是在文案的结尾处用一些特别打动人，让人有共鸣、有转发欲望的句子，来概括文案的核心观点，升华主题。这种结尾方式简洁明了，富有力量，能够迅速吸引用户的注意力，引导他们深入思考。同时，它还能增强文案的传播力，让用户在不经意间传播文案信息。

金句式结尾需要引起用户的情感共鸣，让他们产生认同感。因此，在撰写时，要关注用户的情感需求，用真挚的情感打动他们。

下面是一些金句式结尾的文案示例。

（1）"生活不止眼前的苟且，还有诗和远方。"（一则鼓励年轻人勇敢追求梦想的广告语）

（2）"成功没有捷径，只有不断地努力和坚持。"（一则励志广告语）

（3）"选择比努力更重要，选对行业才能赢。"（一则商业投资广告语）

这些金句式结尾的文案不仅简洁明了，而且富有力量，让人印象深刻。它们通过引起情感共鸣和有力的语言表达，能够引导用户深入思考和行动。

2.5.5　转折式结尾

转折式结尾是一种吸引人的注意力的写作手法，它能够让用户在阅读过程中产生强烈的期待感，并在结尾处带来出人意料的惊喜。它打破了常规的叙事方式，使得故事情节更加丰富、立体，也更容易引起用户的共鸣。

这种写作方式常有奇效，这种转折常会让用户感到震撼，让用户惊叹新媒体文案写作人员的想法，从而引起用户的讨论，在其心中留下深刻的印象。

运用转折式结尾的方法如下。

（1）设置悬念。在故事中设置悬念，让用户产生期待感。例如，可以在故事中设置一道看似无法解决的难题，然后在结尾处给出意想不到的解决方案。

（2）反转情节。在故事的结尾处，突然改变情节的发展方向，给用户带来出乎意料的惊喜。例如，可以在故事中设定一个主人公看似无法克服的困难，但在结尾处描述主人公通过自己的努力成功克服了困难。

（3）强调主题。在转折式结尾中，可以通过强调主题来深化文案的意义和价值。例如，可以在结尾处表达一种新的认识或领悟，从而让用户对文案的主题有更深刻的理解和感受。

2.5.6　幽默式结尾

在我们的生活中，幽默是一种不可或缺的元素，它为我们的生活增添了色彩，也为我们带来了欢笑。幽默式结尾会让人回味无穷。好的幽默式结尾不仅能够给用户带来欢笑，还能够传递出积极向上的生活态度。

本章实训

新媒体产品促销文案写作

假设你是一个美妆品牌的新媒体文案写作人员，正在为即将到来的三八国际妇女节撰写一则新媒体产品促销文案。

【实训要求】

（1）主题明确。请根据本次促销活动的主题"美丽盛宴，惊喜无限"撰写文案，突出美妆产品的独特魅力与优惠力度。

（2）语言简练。文案应使用简洁明了的语言，避免使用过于复杂的词汇和句式，以便用户快速理解。

（3）突出卖点。根据产品的特点和优势，提炼出具有吸引力的卖点，并在文案中加以强调。

【实训内容】

为了帮助大家进一步了解新媒体产品促销文案的写作，以及文案标题、文案开头、文案正文和文案结尾写作的方法，请撰写一则口红促销文案。

（1）根据卖点进行促销文案标题的写作。拟写标题时最好在其中直接体现产品的卖点，可以分别采用不同的标题写作方式，拟写多个文案标题。

（2）选择合适的写作方法写作文案正文内容。文案正文可以通过优惠活动来吸引用户注意，当然也可以使用简洁明了、让利于用户、用情感来打动用户、用个性化内容迎合用户等多种方式写作多篇正文内容。

（3）写好文案结尾。在文案结尾处，引导用户采取行动。

（4）修改完善。参考其他优秀促销文案，对初稿进行修改和完善，突出卖点、情感共鸣和引导行动等要素。

思考与练习

一、填空题

（1）新媒体文案通常由_____、_____、_____和_____等部分组成。

（2）_____结构是指在撰写新媒体文案时，首先总体介绍想要表达的主题，然后围绕这个主题进行分层叙述。

（3）_____通常是指通过夸大其词、断章取义、偷换概念等手段制造各种看似颇具创意的标题来吸引用户眼球，以达到提高点击率、增加文案浏览量、促使用户产生购买冲动等目的的人。

（4）＿＿＿＿＿＿＿＿＿就是直接点明主题，对文章的核心内容或观点进行高度概括。

二、选择题

（1）（　　）是指在撰写新媒体文案时，通过将相关或相似的元素并列呈现，形成一种相互关联、互为补充的结构。

　　A．并列式结构　　　B．时间并列　　　C．总分式结构　　　D．递进式结构

（2）（　　）是指用正面、积极的态度，对产品或服务的特征、功能进行适度、合理的称赞，以突出产品或服务的优点。

　　A．提问式标题　　　B．颂扬式标题　　　C．宣示式标题　　　D．诉求式标题

（3）（　　）是一种强有力的结尾方式，它通过明确、简洁的呼吁，引导用户采取某种行动，从而激发他们的行动意愿。

　　A．互动式结尾　　　　　　　　　B．点题式结尾

　　C．金句式结尾　　　　　　　　　D．引导行动式结尾

三、思考题

（1）常见的新媒体文案结构有哪些？

（2）新媒体文案标题写作的注意事项有哪些？

（3）新媒体文案结尾的常见类型有哪些？

（4）新媒体文案标题的拟定原则有哪些？

（5）新媒体文案正文的写作技巧有哪些？

第3章
新媒体文案写作的策划

在撰写新媒体文案之前，新媒体文案写作人员需要做好选题策划、前期调查和整体构思，否则可能无法写出成功的新媒体文案。哪怕是看似简单的文案，其背后都涉及相关的选题策划、市场状况调查、目标受众分析、竞争对手分析、素材收集与整理、写作的整体构思等工作。这一系列的工作被称为新媒体文案写作的策划。新媒体文案写作的策划决定着新媒体文案最终呈现的质量。

知识目标

☑熟悉调查市场状况的方法。

☑熟悉文案的目标受众分析方法和竞争对手分析方法。

☑熟悉收集并整理素材的方法。

☑掌握新媒体文案写作的选题策划。

☑掌握新媒体文案写作的整体构思。

引导案例　新媒体文案写作前的策划

新媒体文案的成功，并非仅仅靠写作。新媒体文案写作人员需要在写作之前进行一系列的策划准备工作，需要具体了解所在市场状况、竞争对手状况，为产品定位、用户定位提出建议，初步收集预计发布平台的基本情况。新媒体时代，文案策划已经成为企业营销中不可或缺的工作。

某知名化妆品品牌通过新媒体文案策划，成功推广了一款新香水。文案团队首先对目标人群进行了深入的分析，发现这款新香水的目标人群主要是年轻女性，她们注重自我表达和个性展现。文案团队针对这一特点，写作了一篇富有情感、富有创意的文案。他们写道："每一滴香水都是一种情绪的表达，而这款新香水就像一个私密的花园，让你的每一个瞬间都充满香气与诗意。"通过这篇文案，该品牌成功吸引了大量年轻女性关注和购买。

文案策划能够为产品的营销指出正确方向，也能够为新媒体文案写作人员提供所需的基础信息，进而使新媒体文案写作人员获得明确的撰写方向，使新媒体文案能够更好地为企业的营销策略服务。

思考与讨论

（1）怎样进行新媒体文案写作的前期调查？

（2）怎样做好新媒体文案写作的策划？

3.1　新媒体文案写作的选题策划

新媒体文案的选题直接关系到文案的传播效果和阅读转化率。优质内容生产和传播的前提是要有好的选题策划。

课堂讨论

怎样才能围绕热点做好文案选题策划呢？

3.1.1　优秀文案选题的特征

好的选题策划可以有效地吸引用户关注，提升品牌知名度，进而实现营销目标。一个优秀的文案选题应该具备可读性、价值、独特视角和真实可信四大典型特征。

优秀文案选题的
特征

1. 可读性

可读性是选题的卖点，即选题能够引起很多用户关注并被广泛传播。可读性由以下要素组成。

（1）时效性。在当今的移动互联网时代，信息更新周期已经从日变为秒，这是一个信息爆炸的时代，也是一个对文案时效性要求越来越高的时代。

从狭义上讲，时效性是指新闻发生的时间距离该新闻被报道的时间的长短；而从广义上讲，时效性则涵盖了作者是否最早获取线索、进行价值判断，以及最早进行调研、写作和传播等因素。

（2）贴近性。选题所关注的事件应能影响到用户的生活甚至生命。小到水电燃气、衣食住行，大到国家重大事件，这些都和用户有密切关系，例如，健康类选题"如何合理搭配一日三餐""如何选择健康的食品，避免食品安全问题"。

（3）冲突性。冲突在文案中常常能起到吸引用户注意力的作用。它能够激发用户的好奇心，使他们更愿意继续阅读下去，更好地投入故事，产生更深刻的情感共鸣。在文案中出现的冲突，包括人与人的冲突、人与环境的冲突、价值观的冲突等，这些都有其特殊的吸引力和影响力，如"你敷的是'面膜'还是'面魔'""你学的那些'知识'，正在把你拖向深渊""月薪 6000 元和月薪 20000 元的运营，有什么区别"。

> !!! 提示与技巧
>
> 　　需要注意的是，过度的冲突可能会让文案显得过于激烈和负面，反而影响用户的阅读体验。因此，在设置冲突时，需要适度并恰当。

　　（4）情感共鸣。对于一则优秀的文案来说，找到一个能引起用户共鸣的选题至关重要。尤其在涉及老人、儿童及其他弱势群体的选题上，情感元素的注入更能让文案具有深度和温度，如"无论世界多大，家永远是最温暖的港湾""在繁忙的生活中，别忘了给心灵放个假"就是一些能引起情感共鸣的文案选题。

　　（5）神秘性。未知比已知更容易传播，选题中的神秘效应是文案广泛传播的一个重要条件，如"考研失败的年轻人，后来都怎么样了""因为这个，老板求我别辞职……"。

2. 价值

　　优秀的文案具有广泛的影响力，它不仅仅是一则广告、一篇文章、一个社交媒体的帖子，更是一种文化、一种价值观。一篇优秀的文案能够影响人们的观念和行为。

　　文案的价值在于它能够触动人心、引起共鸣。优秀的文案需要超越选题，深入挖掘产品的价值、人的价值、情感的价值、思想的价值等深层次的东西，这样才能真正地发挥它的作用，如"良心推荐：看完这 5 部纪录片，英语水平大提升！""视频号六大变现方法""短视频创意素材 5 步走，有效增加线索量"。

3. 独特视角

　　优秀的文案选题需要跳出常规思维，用独特的视角吸引用户的注意力，这些视角可以是新的概念、新的趋势、新的生活方式等，能够让用户在众多的信息中一眼发现这个选题。例如，针对女性市场的美容产品文案，可以选择从健康、环保、科技等角度切入，吸引注重生活品质的女性。

　　新媒体是一个能充分体现作者个性的平台，在当下的新媒体环境中，每个新媒体平台都在寻找自己的特色，这样才更容易吸引用户的眼球。

4. 真实可信

　　文案的选题需要真实可信，有说服力，不能过于保守，也不能夸大其词。过于保守的选题可能会让用户失去兴趣，夸大其词的选题可能会引起信任危机。新媒体文案的选题要传递正确的价值观，新媒体文案写作人员不能为了提高点击率制造虚假信息、散布谣言、发布低俗信息等。因此，要选择真实的、有说服力的选题，让用户在信任的基础上产生共鸣，进而产生购买行为。

 **素养课堂**

新媒体时代下的文案写作职业道德的新要求

随着新媒体的崛起，传统的媒体写作模式已被颠覆，与此同时，这也带来了新的难题。信息超载、虚假信息的传播等问题都对新媒体文案写作人员提出了更高的要求。新媒体文案写作人员必须承担起更大的责任，要坚守真实可信的底线，以此维护网络环境的纯净、健康和有序。

首先，新媒体时代的信息超载和不易过滤是一个严峻的挑战。在新媒体平台上，信息爆炸式增长，海量信息让人应接不暇。如何从这些信息中筛选出有价值、真实可靠的内容，成为新媒体文案写作人员的一大难题。这要求新媒体文案写作人员具备高度的新闻敏感性和较强的判断力，能够准确把握信息的真实性和重要性。

其次，新媒体时代追求信息的时效性，而与之相伴的是大量虚假信息。在追求信息的时效性的同时，新媒体文案写作人员必须对信息的真实性进行严格的把关。因此新媒体写作人员需要具备较高的思想素质，秉持客观、公正、严谨、求真的职业精神和专业素养，以此来遏制虚假信息的传播。

3.1.2　借势热点做好文案选题

在信息爆炸的时代，热点话题如同一座金矿，吸引着无数人的目光。对于品牌宣传而言，借势热点不仅可以快速提升品牌知名度，还能在用户中形成广泛的讨论，从而增强品牌的影响力。然而，借势热点并非易事，只有那些巧妙地找到与热点的契合点的文案，才能达到事半功倍的效果。那么，怎样才能围绕热点做好文案选题呢？

1. 从产品关键词出发

新媒体文案写作人员在撰写文案之前，首先应该对产品和品牌做一次全方位的了解，然后将产品和品牌的关键词罗列出来，如产品的物理属性、情感属性、价值观及品牌主张等多方面的关键词。

（1）产品的物理属性是撰写新媒体文案的基础。物理属性关键词信息包括产品的外观、材质、尺寸、颜色、重量、功能等。在文案中，这些物理属性关键词信息应该被明确地描述出来，以便让用户了解产品的基本特征。

（2）产品的情感属性指的是产品带给人的情感体验，如愉悦、舒适、安全、信任等。在撰写文案时，应该考虑到产品的情感属性关键词，并将其融入文案中，以引起用户的共鸣和情感反应。

（3）产品的价值观是产品所代表的一种理念，它反映了产品的核心价值。新媒体文案写作人员应该深入了解产品的价值观，并将其中的关键词融入文案中，以传达出品牌的核心信息。

（4）品牌主张反映了品牌的个性、风格和形象。在撰写文案时，应该考虑到品牌主张，并将品牌主张关键词融入文案中，以强化品牌在用户心中的印象。

2. 找出热点关键词

当出现一个热点后，可以从多个角度对热点进行分析，找到热点与品牌或产品的契合点。这需要新媒体文案写作人员深入了解热点的背景、关注点、内容和趋势，找到与品牌或产品相关的元素，以此为切入点进行创作。例如，如果热点是关于环保的，那么我们可以从环保理念、绿色生活方式等方面入手，将品牌或产品的环保特性融入其中。

新媒体文案写作人员在看到一个热点的时候，不妨在纸上列出以下问题并回答，这样运用热点的时候就不会轻易出错。

这个热点有没有代表元素？

人们为什么会关注这个热点？

热点出现时大家都会干什么？

3. 将产品关键词与热点关键词组合

在提炼出产品关键词与热点关键词之后，新媒体文案写作人员可以将其进行组合，从而得到一个新的关键词。通过这种方式，新媒体文案写作人员可以打破传统的思维模式，创作出更具吸引力的文案。在大量的关键词组合中，新媒体文案写作人员需要选出一个最符合产品定位的。这需要综合考虑产品的特点、目标市场、潜在用户的需求等多个因素。

例如，如果一款护肤产品的关键词是与"健康肌肤""美容养颜"等热点相关的，那么就可以选择一个既能体现产品特点又能吸引潜在用户的关键词组合，如"让肌肤焕发健康光彩，这款护肤产品是你最好的选择"。

> **!!!提示与技巧**
>
> 热点并不是随便就能蹭的，有些热点明明和产品没什么联系，难以找到契合点，却被生拉硬拽地用来营销自己的产品，这样只能适得其反。因此，新媒体文案写作人员需要把握好蹭热点的度，不要过度依赖热点，而是要将热点与品牌或产品相结合，创造出具有自己特色的内容。

3.1.3　利用用户思维

利用用户思维要求新媒体文案写作人员在撰写文案时充分考虑用户的实际需求和心理感受，通过深入了解产品的卖点和用户的痛点、痒点，更好地把握市场机遇，提高文案的吸引力和转化率。

1. 卖点要写利益而不是优势

在现代市场营销中，传统思维可能让我们陷入误区，过分强调产品的功能优势，而忽视了用户真正关心的东西——产品能给他们带来的利益。文案不是简单地罗列企业的全部业务或产品，也不是像说明书一样详尽介绍产品的主要功能，而是将产品的优势转化为用户能切身体会到的实际利益。只有在文案中明确地把这种利益告诉用户，让用户意识到用这种产品可以给自己带来切身利益，他们才会来了解产品。

例如，关于一款音频付费产品的用户体验故事，有两种文案。

A. 小王喜欢使用这款听书产品，因为这款产品使用起来很便捷。

B. 小王喜欢在每天上下班的路上用这款产品听书，这样不但能充分利用每日的碎片时间，还能减少携带书本给自己带来的不便。

哪一种文案更能打动人？

以上两种文案虽然都传递了产品"让学习更方便"的信息，但文案 A 只是交代了产品的特点，并不能让用户直接感受到它的便利，而文案 B 从用户的角度出发，交代了产品能减少携带书本为自己带来的不便，这样更能打动用户。

2. 痛点要"扎心"

痛点是指用户在使用产品或服务之前遇到的困难、不满或问题。在创作文案时，如何找到用户的痛点，以及如何使这些因素与产品产生很好的联系，是每一个新媒体文案写作人员都要面对的难题。而找到了用户的痛点，基本上就拿到了解决难题的钥匙。很多文案之所以能够成功，就是因为很好地切中了用户的痛点，针对痛点，不断深化，提出了一套言之可行的方案。

为了更好地吸引用户，新媒体文案写作人员可以从以下几个方面把握痛点，提升文案的吸引力和传播效果。

（1）构建场景化解决方案。场景化是指特定的人群在特定的时间和地点，使用了相关的产品，从而解决了某一问题。通过构建场景化解决方案，新媒体文案写作人员能够使用户产生画面感，从而使用户更加直观地感受到产品为他们带来的利益。

以中国移动的农村墙面广告为例，该广告的文案"中国移动手机卡，一边耕田一边打"描述了中国移动手机卡解决了农民朋友在田地中劳作不方便接打座机电话的问题。这则广告中的场景化解决方案将中国移动手机卡的特点与用户的实际需求相结合，让用户在脑海中产生画面感，从而更加直观地感受到产品带来的便利。

（2）不断细分。一定要精准细分用户的痛点，不能泛泛而论。新媒体文案写作人员可以从产品的属性和特质入手，即站在用户的角度分析产品的特点，这样才能找到痛点。一款产品不可能让所有用户满意，只要能够满足核心用户的需求，那就足够有竞争力。在寻找用户痛点时，新媒体文案写作人员不应该把精力过多放在"全"上，而要放在"精"上。

在竞争激烈的饮料市场中，加多宝以其独特的策略和精准的定位，成功抓住了"上火"这一细分的痛点，成为一颗璀璨的明星。加多宝正是针对这一痛点，通过文案提供了一系列的解决方案，赢得了广大用户的喜爱。

（3）从用户的核心需求入手。当目前的市场还不能满足某些需求时，有的人甚至会花钱去满足眼前的需求。例如，在各种送餐软件尚未发展成熟时，人们只能选择买方便面或者速冻食品，这些食品口味单一，并且仍需简单烹制。这个时候，用户因为时间成本而渴望上门餐饮服务的需求，就是一个痛点，相关产品一旦解决了这个痛点，潜在的价值就难以估量。

（4）以情动人。情感是人们内心深处最真实的感受，它能够引起人们的共鸣，使人们产生强烈的认同感。在文案中，情感能够让用户产生强烈的代入感，从而对产品或服务产生深刻的印象。这就要求新媒体文案写作人员能够洞察用户的情感，并将其融入文案中。

3. 痒点要写出独特、鲜活的细节

痒点是指用户在特定情境下，对某种需求、欲望或兴趣的渴望。它是一种心理状态，源于用户对某种特定体验的期待和追求。理解并满足用户痒点，对于品牌和企业的成功至关重要。痒点可能源于用户对新技术、新产品的探索欲望，也可能源于他们对更好、更便捷服务的期待。无论源自哪里，痒点都反映了用户对更好生活的追求。

细节是文案中的重要元素，它们能够让文案更加生动、具体，让用户有身临其境的感觉。当文案中包含了足够多的细节，尤其是那些与用户相关的细节，用户就更容易产生共鸣，进而被吸引。新媒体文案写作人员应该怎样在文案中用独特、鲜活的细节来刺激用户的痒点呢？

（1）了解产品。新媒体文案写作人员只有对一款产品足够了解，知道它的每一个细节，才能创作出刺激用户痒点的文案。小米的文案很吸引人，其中很大一部分原因就是小米很擅长在微小之处做延伸，从而让用户感受到公司产品与其他同类产品的不同。

小米移动电源这款产品的策划团队在创作文案时，初稿是"小身材，大容量"。经过层层筛选后，小米的这款产品最终确定的文案是"10400mAh，69元""LG，三星国际电芯，全铝合金金属外壳"。整则文案显得简单、直接，又不乏细节。而这些是建立在新媒体文案写作人员对产品的各项功能、性质、特点等都非常了解的基础上的。

（2）拆解产品细节并展示制作过程。一款优秀的产品不仅要满足用户的基本需求，还需要展现出与众不同的特点，这样才能赢得用户的认可和信赖。因此，产品细节的拆解与制作过程的展示，已经成为越来越多企业推广产品的有效方式之一。要让用户在文案中感受到产品的独特之处，向大家展示产品的制作过程，就是最有效的方法之一。

以某社交媒体平台上的美食分享文案为例，该文案通过描述一道美食的制作过程，以及与之相关的独特食材和温馨场景，引起了大量用户的共鸣。其中的细节包括独特的烹饪工具、特殊的食材来源、温馨的家庭氛围等。这些细节不仅让文案更加生动，也增强了用户的代入感，让他们感觉自己仿佛就在现场。

（3）把握生活中的细节。用户的痒点一般存在于生活的某些细节中，尤其是在微不足道的方面。一个好的新媒体文案写作人员需要具备强大的洞察力去挖掘这些细节，从而确认用户的感情点。将生活中的细节灵活运用到文案创作中，会更加容易带动用

户的情绪。同时，在描写细节时，语言运用要简洁，要以少胜多，以最小的篇幅承载最大量的信息。

很多好的文案都是从细枝末节之处切入产品，进而打动用户的。例如，这则星河湾的文案《一夜之间，北京的井盖全消失了》，便是从一个小小的井盖切入，让用户去感受星河湾的优秀品质。

消失了，什么都没有了，那些与井盖相关的记忆全失去了，没有人再感怀失去井盖以后那吞噬人的骇人的洞口了。清静的夜晚，也再听不到汽车压井盖时发出的难听巨响了。

井盖全消失了，之前谁都知道井盖话题是一个社会问题。拥有尖端太空技术的人类，无法处理城市井盖管线体系的头疼问题吗？井盖只能大量盘踞在道路中央吗？大家认为路中间有很多突起的青春痘好看吗？

井盖消失了，它们真的消失了，在北京星河湾能够比常规道路降噪 80% 的特殊工艺铺就的路面上。井盖消失，是出于一套复杂的技术支持，出于一个朴素单纯的愿望："走在路上，谁愿意人和车总是有忧患意识呢？"

星河湾，开创中国居住的全成品时代。

星河湾的广告文案没有使用尊贵、高端、奢华品位等空洞的词语，而是讲述了自己利用特殊工艺铺就的路面，具有没有井盖、降噪 80% 的特点。它找到了自己产品中其他产品不具备的细节并将其放大，突出了整体的特殊性，从而刺激了用户的痒点。

3.1.4　参考同行优质内容

随着新媒体的快速发展，文案写作已经成为营销推广中不可或缺的一部分。为了提高文案的质量并增强文案的效果，许多新媒体文案写作人员会参考同行的优质内容。

1. 新媒体文案写作人员参考同行优质内容的方法

（1）筛选同行优质内容。在参考同行优质内容之前，新媒体文案写作人员需要先筛选出符合自己需求的优质内容。可以通过行业论坛、社交媒体等渠道，找到一些具有代表性的同行案例，并对其进行分析和评估。可以关注行业内的知名品牌和公司，寻找相似的竞争对手。这些品牌和公司在市场上已经积累了大量的用户和良好的口碑，他们的文案通常具有较高的质量和较强的影响力。新媒体文案写作人员可以研究他们的广告文案、社交媒体帖子、产品描述等，了解他们的写作风格、用词、排版和视觉元素等。

（2）分析文案的各个要素。在参考同行优质内容时，需要分析文案的各个要素，如标题、开头、正文、结尾等。这些要素对于吸引目标受众和提高转化率非常重要。可以分析同行文案的标题是否具有吸引力，开头是否能够引起受众的兴趣，正文是否具有说服力，结尾是否能够给人留下深刻印象，等等。

（3）提取亮点和创新点。在筛选出的同行优质内容中，新媒体文案写作人员需要注意提取其中的亮点和创新点。这些亮点和创新点可以是文字表达、修辞手法运用、标题设置、视觉元素运用等，其有助于为新媒体文案写作人员的文案提供灵感和借鉴。

（4）结合自身特点进行转化。在借鉴同行优质内容时，新媒体文案写作人员需要结合自身特点进行转化。例如，可以在文案中融入自己的观点和见解，或者根据目标受众的特点进行调整和优化，使其更符合自己的风格和需求。

2. 新媒体文案写作人员参考同行优质内容的注意事项

（1）避免抄袭和侵权。在参考同行优质内容时，要遵守法律法规和道德规范，避免出现抄袭和侵权行为。同时，要注重知识产权的保护，尊重原创作者的劳动成果。

（2）关注行业动态和趋势。在参考同行优质内容时，新媒体文案写作人员还需要关注行业动态和趋势，了解最新的文案写作方法和技巧，以更好地应对市场的变化和挑战。

3.2 新媒体文案写作的前期调查

为了确保新媒体文案能够吸引目标受众，提高品牌知名度和转化率，前期调查是至关重要的。

课堂讨论

（1）为什么要做好新媒体文案写作的前期调查？

（2）怎样才能做好新媒体文案的目标受众分析和竞争对手分析呢？

3.2.1 市场状况调查

为了明确销售产品的市场状况，写出具有针对性的文案，新媒体文案写作人员比较重要的准备工作就是进行必要的市场调查和分析，如分析市场环境、了解产品生命周期、了解市场细分格局，从而为文案写作提供客观、准确的数据。

市场状况调查

1. 分析市场环境

市场环境主要是指市场营销环境，即一切影响和制约企业进行市场营销决策和执行的宏观市场环境和微观市场环境的总和。市场环境分析就是对这些环境因素进行汇总分析。

（1）宏观市场环境分析。宏观市场环境是指企业无法直接控制的环境因素，即通过影响微观市场环境来影响企业营销能力和效率的一系列巨大的社会力量，包括人口、经济、政治法律、科学技术、社会文化及自然生态等因素。由于这些环境因素对企业的营销活动起着间接的作用，所以宏观市场环境又称为间接营销环境。

（2）微观市场环境分析。微观市场环境是指与企业紧密相连，直接影响企业营销能力和效率的各种力量与因素的总和，主要包括企业自身、供应商、代理商、用户、竞争对手及社会公众等因素。由于微观市场环境对企业的营销活动有直接影响，其又被称为直接营销环境。

2. 了解产品生命周期

产品生命周期是指一种产品从开始进入市场到被市场淘汰的整个过程。一般来说，产品的生命周期包括萌芽期、成长期、成熟期和衰退期 4 个阶段，如图 3-1 所示。

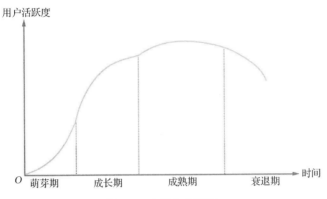

图 3-1　产品生命周期

新媒体文案写作人员在撰写某款产品的文案时，必须明确该产品所处的生命周期，进而采取不同的写作策略。

（1）萌芽期。当产品处于萌芽期时，产品刚进入市场，用户对产品不甚了解，产品销量少。这个时期的产品广告策略一般以启蒙用户、提高产品知名度为主。文案要侧重突出产品的新特点、新功能，可以使用一些具有时尚感和新奇感的语句引起用户的注意。图 3-2 所示为产品萌芽期文案。

（2）成长期。当产品处于成长期时，广大用户已经了解和熟悉产品，这一时期，产品的市场增长率很高，用户需求高速增长，产品品种及竞争者数量增多，市场竞争日趋激烈。这是企业获取利润的最佳时期，文案要侧重宣传产品的优势和品牌实力等。图 3-3 所示为产品成长期文案。

图 3-2　产品萌芽期文案

图 3-3　产品成长期文案

（3）成熟期。当产品处于成熟期时，产品已为广大用户所接受，销量稳定，甚至达到顶峰。这一时期，产品的市场增长率不高，用户需求的增长率也不高，但是，购买产品已经成为用户的一种稳定的习惯，行业内优秀企业的品牌已经被广大用户熟知。对于企业而言，如何减慢用户的流失速度，以及如何从其他竞争对手那里争夺更多市场成为重点。文案要注重宣传产品的售后服务、附加值等，以培养用户对品牌的忠诚度。图3-4所示为产品成熟期文案。

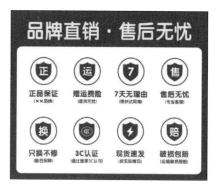

图3-4　产品成熟期文案

（4）衰退期。当产品处于衰退期时，产品销量迅速下降，利润减少，直到产品被淘汰而退出市场。在这个阶段，商家可以适当减少广告宣传，把资源集中到新一轮的新产品广告宣传中。

3. 了解市场细分格局

当今竞争激烈的市场中，了解市场细分格局对于企业的成功至关重要。市场细分是指企业按照某种标准将市场上的客户划分为若干个客户群，每一个客户群构成一个子市场。不同子市场之间，需求存在着明显的差别。这种细分方法有助于企业更好地理解客户需求，制定更有针对性的营销策略，从而提高市场份额和收益。通常采用的细分依据有地理位置、人口、心理和行为要素等。

常用的市场细分方法如下。

（1）单一变量法。单一变量法是一种简单明了的市场细分方法，它以一个影响用户需求的关键变量作为划分标准，将市场划分为若干个具有相似特征的群体，如以年龄、性别、收入、职业、地理位置等单一变量作为划分标准对市场进行细分。例如，玩具市场需求的主要影响因素是年龄，乐高针对不同年龄段的客户开发不同的产品；某护肤品企业依据性别，开发出了女性产品和男性产品。

（2）多变量细分法。多变量细分法是指选择多个影响用户需求较明显的因素作为细分变量，以达到更为准确地细分市场的目的。这是一种为弥补单一变量法的不足而采用的市场细分方法，如某运动服品牌采用年龄与性别两个变量来细分市场。

（3）多层次变量法。多层次变量法首先将市场划分为不同的层次，然后在每个层次中根据不同的变量进行细分。这种方法可以让企业更好地把握不同客户群体的差异性和相似性，并制定更具针对性的营销策略。例如，某品牌的目标市场就是先按照区域进行划分，然后按照消费档次进行划分，最后按照年龄标准进行划分而确定的。

（4）心理细分法。心理细分法是指按客户的心理进行市场细分，如依据客户的个性、心理需求、价值观、购买动机、购买态度等指标来细分。

（5）动态细分法。动态细分法是一种基于市场变化的市场细分方法，它通过对市场的变化趋势进行分析，将市场划分为不同的动态群体，如按照产品生命周期的不同阶段（即萌芽期、成长期、成熟期和衰退期）进行市场细分。这种方法可以让企业更好地把握市场的变化趋势和客户的需求，制定更具灵活性和适应性的营销策略。

3.2.2　文案的目标受众分析

文案的目标受众是谁，这是许多新媒体文案写作人员都会忽略的重要问题。对于一个优秀的新媒体文案写作人员来说，明确了目标受众就成功了一半。新媒体文案写作人员只有清楚地了解文案的目标受众是谁、他们的需求是什么，才能写出真正打动他们的文案。记住，好的文案不是写给所有人看的，而是为目标受众量身定做的。

江小白大概是酒品牌中最会写文案的一个，它的文案别具一格、深入人心。也许，比起酒，它的文案更受年轻人欢迎。江小白能够在众多酒品牌中异军突起，就是因为它一开始定位的目标受众非常精确，是那些追求简单、轻松生活的年轻人。相比为高端人群设计的传统白酒，江小白则是一款更适合年轻人的酒，它将白酒与年轻人真正连接到了一起。

为了定位目标受众，江小白在此之前做了一系列调查，最后将人群定位为 18～28 岁的年轻人。这些人往往刚刚离开学校，与同学、好友分别，从单纯的环境踏入与学校完全不一样的社会。他们开始追求梦想，对于任何事情都充满干劲，但是也容易遇到危机，如亲密恋人变成最熟悉的陌生人，事业跌入低谷，朋友走着走着就散了，等等。江小白的文案正是从这些年轻人的各种情绪出发，让年轻人表达和释放情绪。

新媒体文案写作人员怎样才能确定产品的目标受众？

1. 利用假设去设定

新媒体文案写作是一项需要深度理解用户需求和兴趣的工作。为了创作出能使用户产生共鸣的文案，新媒体文案写作人员不妨利用假设从多个角度去考虑用户的需求。例如，从用户的年龄、性格、学历、爱好、工作、收入等方面去假设，观察其与产品的契合度，进而进行定位。

灵活多变的假设可以帮助新媒体文案写作人员确定目标受众，而多加尝试就能积累更多的经验。

2. 从身边出发

新媒体文案写作人员也可以通过向身边具有不同条件的朋友咨询，了解他们的烦恼有哪些，并根据他们的建议来定位产品的目标受众。

3. 用户反馈和评价

利用用户的反馈和评价分析自己之前的定位是否恰当。用户反馈和评价的真实性，能够帮助新媒体文案写作人员发现之前没有注意到的细节和用户需求。

4. 社会问卷调查

通过社会问卷调查及大数据分析所定位的用户一般都比较准确。新媒体文案写作人员通过大数据分析定位目标受众之后，再创作文案就比较保险了。

新媒体文案写作人员不论写什么类型的文案，只有找准目标受众，才能找准痛点，真正将产品卖出去。

3.2.3 竞争对手分析

对竞争对手进行分析，有助于新媒体文案写作人员快速找到文案写作的突破口，高质量地完成文案写作。对竞争对手进行分析的方法有很多，通常使用的是 SWOT 分析法，另外还有核心竞争链对比分析法。

1. SWOT 分析法

SWOT 分析法即态势分析法，是指将与研究对象密切相关的各种主要内部优势与劣势、外部的机会与威胁等进行调查后列举出来，并依照矩阵形式排列，然后用系统分析的思想把各种因素相互匹配起来加以分析，从而得出一系列相应的结论，且结论通常带有一定的决策性。SWOT 分析法中，S（Strengths）指优势，W（Weaknesses）指劣势，O（Opportunities）指机会，T（Threats）指威胁。确定企业的竞争策略可以借助 SWOT 分析法，将行业状况、竞争对手状况，以及自己的状况进行整理，分配到优势、劣势、机会、威胁 4 个模块，如图 3-5 所示。

优势（S）	劣势（W）
机会（O）	威胁（T）

图 3-5　SWOT 分析模型

在明确了 4 个模块的内容后，可以顺势得出企业的营销策略。具体的方式是将优势和劣势、机会和威胁进行组合，形成 4 种策略，如图 3-6 所示。

机会与威胁	优势与劣势	
	优势（S）	劣势（W）
机会（O）	（SO 策略）发挥优势，把握机会	（WO 策略）克服劣势，把握机会
威胁（T）	（ST 策略）发挥优势，避免威胁	（WT 策略）克服劣势，避免威胁

图 3-6　利用 SWOT 分析法得出的 4 种策略

对整个企业品牌或者单个产品来说，SWOT 分析法大致包括以下分析范围。

（1）优势。主要分析企业或者产品本身的优势，如在成本、营销、渠道、产品等方面，有哪些是竞争对手做不到的或者是比竞争对手做得好的。

（2）劣势。要分析企业或者产品自身最不擅长的地方，以及哪些是竞争对手做得好而自己做得不够好的地方。

（3）机会。要分析外部的营销、渠道、产品等方面存在哪些有利机会。

（4）威胁。要分析客观的经济环境、行业发展、政策等是否会不利于企业发展或者产品的推出，最近的威胁在哪里，是否有机会规避。

2. 核心竞争链对比分析法

核心竞争链对比分析法是一种通过对比自身与竞争对手的各项价值，找出差异并创造独特价值的方法。通过这样的分析，新媒体文案写作人员可以充分判断和理解竞争对手是谁，他们在做什么，以及如何与他们进行差异化竞争。

在进行核心竞争链对比分析时，新媒体文案写作人员需要将主要的购买因素一一列出，这些购买因素可能包括产品质量、价格、服务、设计、品牌声誉等。我们还需要对比竞争对手与我们在这些因素上的表现，找出竞争对手的劣势和我们的优势。在这个过程中，我们还需要找到价值链中的空白。这些空白就是文案写作的切入点。

例如，进行餐饮火锅店竞争链对比分析，其中高端连锁品牌店在店铺形象、口感、价格、用餐体验、客户服务等方面都占有明显的优势，每个价值点分值连接起来就形成了高端火锅店的竞争链；中低端火锅店在店铺形象、口感、用餐体验等方面的每个价值点的分值都低于高端火锅店；"海底捞"则开辟了一条自己的"核心竞争链"，即一条在店铺形象、口感、价格方面接近高端火锅店，但在用餐体验和客户服务方面又都高于高端火锅店的核心竞争链。

3.2.4　收集并整理素材

收集素材是新媒体文案写作人员的重要工作。素材越丰富，新媒体文案写作人员可选择和挖掘的文案主题就越丰富，他们就越有可能写出打动人心的好文案。同时，整理素材有助于新媒体文案写作人员快速找到合适的素材，推动文案写作的顺利进行。

1．收集素材

素材的种类应尽可能丰富，因为不同种类素材的特点和功能不同。按照表现形式的不同，素材可以分为文字类素材、图片类素材、音频类素材和视频类素材等。

（1）文字类素材。文字类素材是指文案写作时可供利用的各种文本，多为知识点、引用材料等，如产品属性信息、竞争对手的文案、产品相关的销售话术、广告内容等。文字类素材如图 3-7 所示。

（2）图片类素材。图片类素材包括新媒体文案写作人员自行拍摄、绘制的图片，以

深夜低音不扰眠

变频压缩机+变频离心风机，绿色节能恒久保鲜，每天给你美好的体验。

图 3-7　文字类素材

及源于网络的截图、拼图等。常见的几种获取网络图片的渠道包括专业图片网、网站图片频道及其他渠道。以昵图网为例，如图 3-8 所示，它是一个设计素材、图片素材共享平台。用户可以注册会员，上传自己的图片换取积分。图片一旦被采纳，用户就会获得共享分；图片如果被别人下载，用户也可以获得共享分。共享分可用于下载别人上传的图片。

图 3-8　昵图网页面

（3）音频类素材。音频类素材主要来自音乐或音频文件，一般作为背景音乐出现在文案中。音频是文案中的听觉元素，它极大地丰富了文案的内涵，并增强了文案的表现力和感染力。

（4）视频类素材。视频类素材包括企业或品牌拍摄的宣传片、产品视频或截取自电影、电视剧的视频片段等。依据视频内容来源，视频可以分为影视剧、综艺、直播和短视频等。短视频素材如图3-9所示。

收集素材的渠道主要有两种：一种是外部渠道，如报纸、杂志、新媒体平台、搜索引擎等，图3-10所示为通过百度搜索引擎搜索素材；另一种是内部渠道，主要指新媒体文案写作人员自己拍摄、创作素材。

图3-9　短视频素材

图3-10　通过百度搜索引擎搜索素材

2. 整理素材

素材整理并不难，难的是如何科学、有效地整理收集到的素材。新媒体文案写作人员在整理素材时可以从以下方面入手，建立一个完善、可用性强的素材库。

（1）有目的地筛选素材。收集到的素材浩如烟海，但并非所有素材都适用于文案写作。新媒体文案写作人员应明确需求，遵循有用、易于理解的原则，有针对性地选取素材。有用的素材应当与文案主题紧密相关，而易于理解的素材则有利于用户接受和记忆。

（2）定期清理素材。积累素材是一个长期的过程，随着时间的推移，积累的素材会越来越多，因此，新媒体文案写作人员需要定期清理过期、无用的内容，精简自己的素材库。

（3）更新素材的分类方式。在不同的阶段，文案写作所需要的素材可能会不同，新媒体文案写作人员需要不断更新素材的分类方式，以便查找。

（4）建立对素材的记忆体系。新媒体文案写作人员在整理素材时应采取便于记忆的分类方式，并牢记不同类型素材的存放位置。好记性不如烂笔头，新媒体文案写作人员可以将素材的分类方式、储存路径记录下来，并标注其中的重点内容。

3.3　新媒体文案写作的整体构思

整体构思为整个新媒体文案写作过程提供了明确的方向和目标，使得后续的写作工作能够有条不紊地进行，在新媒体文案写作中发挥着承前启后的作用。

课堂讨论

（1）新媒体文案写作的整体构思包括哪些内容？

（2）这些内容对新媒体文案写作有什么具体作用？

3.3.1　确定诉求点

新媒体文案的诉求点通常包括 4 类：产品诉求点、用户诉求点、品牌诉求点、企业诉求点。

确定诉求点

1．产品诉求点

产品诉求点是指产品的特点、功能、优势、价格等，是文案的核心内容。文案需要突出产品的独特卖点，让用户了解产品的价值和吸引力。这一类文案通常采用直白的方式来展现，让用户可以迅速了解产品。

（1）产品特性。产品特性是指产品本身所固有的性质，是产品所具有的特定属性，如服装产品的特性包括服装风格、款式、面料、品牌等。这些特性可以看作产品性质的集合，可用于区别不同的产品。新媒体文案写作人员在写作文案前要熟悉产品特性，找出自己的产品与其他产品的差异，只有突出自己产品的特点，才能吸引更多用户点击并浏览内容，以增加成交机会。

图 3-11 所示的某款手表在电商平台的文案，对表扣、表壳材质、机芯材质、机芯型号、表带材质、表镜材质等逐一进行了介绍。这表明在对该文案进行整体构思的时候，新媒体文案写作人员选择了以产品为主题，文案的内容主要是让用户能够充分地了解产品的方方面面，避免他们因不能直接看到产品而产生信息障碍。

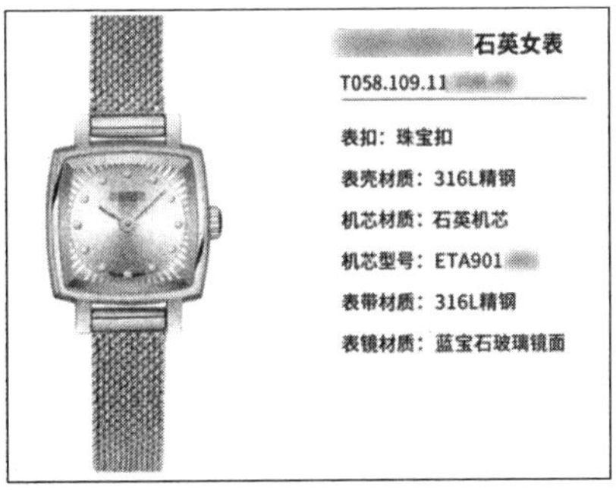

图 3-11　某款手表在电商平台的文案

（2）产品价格。产品价格是影响用户购买行为的重要因素。当产品价格降低时，用户更有可能产生购买欲望，因为降价通常意味着更高的性价比。公司在给产品定价时，需要考虑产品本身的成本、物流仓储成本、平台佣金、人力成本、营销推广成本等因素，以确保定价既符合公司的利润需求，又能吸引用户。如果定价过高，可能会吓跑用户；如果定价过低，则可能会导致公司亏损。因此，公司需要综合考虑各种因素，制定合理的产品价格。图 3-12 所示为着重强调价格优惠的某产品文案。

图 3-12　着重强调价格优惠的某产品文案

2. 用户诉求点

用户诉求点是指用户的需求和痛点，新媒体文案写作人员需要从用户的角度出发，分析用户的需求，并针对这些需求提供解决方案。通过引发情感共鸣、进行利益诱惑等方式，展现产品带给用户的实际利益，这样很容易使用户产生代入感，激发用户的购买欲望。

例如，某冲锋衣列出的六大核心优势满足了用户的需求，如图 3-13 所示。这样的核心优势展示可能比用户考虑得还周到，从而在无形中提升了产品的价值，使用户更愿意购买。

图 3-13　某冲锋衣列出的六大核心优势

3. 品牌诉求点

品牌诉求点是指品牌的定位和形象。文案需要强化品牌的独特性和价值，树立品牌的形象和信誉。强调品牌名称、品牌文化、品牌价值观、品牌故事、品牌标志、品牌代言人等，能让用户对品牌产生认同感和信任感，这使得品牌能够得到更高的知名度、认可度和忠诚度。

在当今的商业环境中，选择品牌代言人已经成为表达品牌理念和扩大品牌影响力的常用手段之一。选择一位与品牌理念、品牌气质接近的知名人士作为代言人，不仅可以吸引用户的注意力，还可以通过他们的知名度和影响力，将品牌推向更广泛的用户。

4. 企业诉求点

在当今的新媒体时代，企业诉求点在文案中扮演着重要的角色。企业诉求点通常指文案选择与企业相关的内容，如企业文化、企业产品的特色等，作为主要的展现内容。这些内容不仅可以增强用户对企业的认同感，还能通过传递企业的价值观和理念进一步影响用户，使他们对企业产生好感和信任感，进而对企业推出的产品产生兴趣。

以下是某个智能家居企业诉求点文案案例。

打造全新智能家居生活体验：升级后的智能家居将为您带来全新的家居生活体验。从灯光、空调到音响，一切都变得智能化，无须手动操作，即可实现个性化设置和自动控制。

环保节能：我们致力于为用户提供更加环保、节能的智能家居产品。升级后的产品将采用更先进的节能技术，降低能耗，减少对环境的影响，为您的家居生活增添更多绿色环保元素。

品质保证：我们始终坚持品质第一的原则。升级后的智能家居产品经过严格的品质检测，确保每一件产品都符合我们的高标准。

个性化定制：我们提供个性化的定制服务，可以根据您的需求和喜好，为您量身打造最适合您的智能家居解决方案。

作为一家有着多年经验的智能家居品牌，我们深知品质和用户需求的重要性。我们相信，升级后的智能家居产品将为您带来前所未有的体验。现在就来体验吧！

这个案例的主要诉求点是强调产品升级后的优势，包括智能化、环保节能、品质保证及个性化定制等方面，以此吸引潜在用户并提高品牌知名度。

3.3.2　确定风格

企业的形象是品牌的重要组成部分，它决定了用户对品牌的认知和态度。因此，文案风格应与企业形象一致。例如，如果企业形象是高端、大气、上档次的，那么文案风格就应该体现出这种气质，如简洁明快、大气、用词精准、富有质感。

好的文案风格可以让文案更具吸引力，更易于理解，并且更容易引起用户的共鸣。下面介绍几种常见的文案风格。

1. 正式风格

这种风格通常用于正式场合，如公司宣传册、广告牌、电子邮件等。这种风格的文案通常使用书面语言，其语言严谨、规范、简洁。例如，"我们的服务宗旨是为用户提供最好的产品和服务"。

2. 轻松风格

这种风格通常用于轻松愉快的场合，如广告短片、短视频等。这种风格的文案通常使用口语化语言，其语言简洁明了、易于理解。例如，"让我们一起享用美食吧！"

3. 幽默风格

这种风格通常用于具有娱乐性质的场合，如社交媒体、网络文章等。幽默风格的文案可以跨越年龄、性别，普适性很强。当今的网民非常偏爱幽默风格的文案，因为这种风格的文案非常符合网络文化轻松、允许调侃的特点。

4. 富有情感的风格

这种风格通常用于表达情感诉求的场合，如公益广告、宣传片等。富有情感的风格的文案适用于一些与用户日常生活息息相关的产品，或者一些走温情路线的品牌，以触动用户内心的情感。例如，"在这个世界上，没有人应该被忽视"。

5. 另类风格

另类风格，顾名思义，就是一种与众不同的文案风格。它强调创新和个性，强调打破传统模式，通过运用独特的视觉、听觉和文字元素，让用户产生强烈的共鸣。这种风格的文案以其独特性，常常能让用户产生出乎意料、叹为观止等感受，从而留下深刻的印象。这种风格的文案常常被中高端服装品牌采用，因为它们需要吸引那些追求独特品位、愿意尝试新事物的用户。

3.3.3 确定诉求方式

成功的品牌总能用恰当的诉求方式引起用户心中的共鸣，让他们对产品产生浓厚的兴趣并主动投入使用。这就涉及一个关键的问题——诉求方式的选择。文案的诉求方式有 3 种常见的类型，包括感性诉求、理性诉求和情理结合。

确定诉求方式

1. 感性诉求

在当今的广告市场中，感性诉求已经成为越来越重要的营销策略。这种诉求方式通过对感情的渲染，让用户的内心产生波动或反应，从而促使用户购买产品。这种"以情动人"的方式，主要影响用户的情感、情绪，引起他们的共鸣，进而让他们产生认同感。感性诉求主要使用的元素包括情感、氛围、格调、哲理等。情感是感性诉求的核心，它能够唤起用户内心深处的共鸣。感性诉求又分为正向情感诉求和负向情感诉求。

（1）正向情感诉求。正向情感诉求通常是通过美好的事物或情感来激发用户的积极情绪，如温馨的家庭、感人的故事等。这些元素能够让用户感到温暖、愉悦，也会让用户感动，激发他们树立积极的人生态度，从而产生购买产品的欲望。下面是一个正向情感诉求文案案例。

点亮生活的美好

生活就像这片花海，虽然有时会有阴霾笼罩，但总会有阳光洒落。让我们一起拥抱生活中的美好，感受温馨与幸福。

加入我们，一起分享生活中的美好，点亮彼此的心灵！

（2）负向情感诉求。负向情感诉求通常是通过痛苦、失落、恐惧、哀伤等负面情绪来引起用户的共鸣，如失恋、失去亲人等。这些元素能够让用户产生同情或悲伤的情绪，引起用户的共鸣，从而激发他们的购买欲望。下面是一个负向情感诉求文案案例。

痛苦的回忆，永难忘却

那些曾经以为已经遗忘的痛苦回忆，如今却久久萦绕在心头。失去亲人的痛苦，失恋时的失落，失败的挫折感，这些负面情绪如影随形，让人无法摆脱。我们都在经历着生活的磨难，但请相信，你不是一个人。让我们一起面对这些痛苦，一起战胜它们，一起走向更美好的明天。

在这个世界上，没有人能够逃避痛苦，但我们可以选择如何面对它。让我们一起，用爱与勇气，去拥抱每一个挑战，去拥抱每一个明天。

负向情感诉求文案通常强调用户的负面情绪和困难，以引起用户的共鸣和情感共振。在撰写这类文案时，要注意语言的表达方式和语气，尽可能地引起用户的共鸣并与之建立情感上的联系。同时，要注意控制情感的表达程度，避免过于消极或过度地强调负面情绪。

2．理性诉求

用户越来越理性，他们不仅关注产品的价格，也注重产品的质量和功能。在这样的背景下，具有理性诉求的文案方式变得越来越重要。这种方式主要通过摆事实、讲道理等为用户提供购买产品的理由，以理服人，聚焦产品本身的特征及功效。

采用理性诉求方式的文案能够传递准确、客观的信息，逻辑性强，并且偏重表现产品的实用性等。例如，某洗面奶的电商文案罗列了配方成分，并且明确说明了各个成分的功能，如图 3-14 所示。

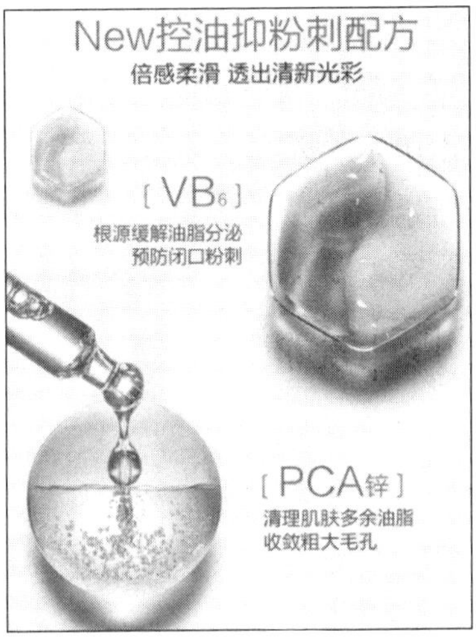

图 3-14　某洗面奶的电商文案

3．情理结合

在撰写文案时，新媒体文案写作人员经常面临一个挑战：如何在激发情感的同时，又传递理性和事实。情感化的广告可以引起用户的共鸣，但理性化的信息则更有助于说服和促使用户行动。情理结合的广告方式能够解决这个难题，它既能触动用户的心灵，又能结合事实和道理来说服用户，是一种一箭双雕的广告策略。

情理结合是一种更有效的策略，它能够传递产品的实际利益，从而实现更好的营销效果。在数字时代，新媒体文案写作人员需要不断创新表达方式和重视用户体验，以持久维持良好的品牌印象。

新媒体文案的诉求方式是决定新媒体文案表现手法的重要因素。确定诉求方式后，在产品、品牌、企业中挖掘内容的方向会有所差别，从而使新媒体文案的形态呈现出巨大的不同。3 种诉求方式都有着各自的优势，但也都有着各自的不足。

本章实训

新媒体文案整体构思

为了构思并撰写一款新型手机的新媒体文案，需要确定以下几个关键因素：诉求点、风格和诉求方式。假设你所在公司已开发出一款新型手机，目标用户群体为年轻用户，价格适中，主打功能为高清摄影、快速充电和长待机时间。

【实训要求】

（1）确定新型手机文案的诉求点、风格和诉求方式。

（2）构思并撰写完毕后，与同学分享这样构思的原因和目的。

【实训内容】

（1）确定诉求点。这款新型手机的文案的诉求点可以围绕其高性能和便捷功能展开。例如，可以突出"你的移动摄影工作室"这一主题，强调高清摄影功能；或者以"一刻钟快速充电，全天候畅快使用"来强调快速充电的特点；再或者通过"长久待机，无须频繁充电"来突出其长待机时间。

（2）确定风格。考虑到目标用户群体为年轻用户，文案风格可以偏轻松、活泼、富有科技感。可以采用生动的描述、幽默的语言，以及适当地使用网络流行语来吸引并保持用户的关注。例如，可以使用一些描述手机高清摄影功能的生动词语，如"瞬间捕捉，精彩定格"；对于快速充电功能，可以将其形容为"分分钟充满电，让你随时随地保持在线"；对于长待机时间，可以使用一些直观的数据或比喻来突出其优势。

（3）确定诉求方式。为了确保文案能够有效地传达信息并激发用户的购买欲望，可以考虑采用感性诉求、理性诉求和情理结合这3种方式。

基于以上考虑，新媒体文案的整体构思大致如下：首先，在开头部分通过一个吸引用户的标题或图片引入主题；然后，通过一段简短的文字介绍新型手机的优点和特点；接着，通过感性诉求、理性诉求和情理结合等方式，具体展示新型手机的实际效果和优点；最后，用一段总结性的话语鼓励用户行动起来，购买新型手机。

思考与练习

一、填空题

（1）一个优秀的文案选题应该具备_____、_____、_____和_____四大典型特征。

（2）_____是指特定的人群在特定的时间和地点，使用了相关的产品，从而解决了某一问题。

（3）_____是指用户在特定情境下，对某种需求、欲望或兴趣的渴望。

（4）_____是一种通过对比自身与竞争对手的各项价值，找出差异并创造独特价值的方法。

二、选择题

（1）（　　）是指用户在使用产品或服务之前遇到的困难、不满或问题。

  A．痛点   B．卖点   C．痒点   D．兴奋点

（2）产品刚进入市场，用户对产品不甚了解，产品销量少，这时产品处于生命周期中的（　　）。

　　A．成长期　　　　　B．萌芽期　　　　　C．成熟期　　　　　D．衰退期

（3）（　　）首先将市场划分为不同的层次，然后在每个层次中根据不同的变量进行细分。

　　A．多变量细分法　　B．动态细分法　　C．多层次变量法　　D．心理细分法

（4）（　　）是指产品的特点、功能、优势、价格等，是文案的核心内容。

　　A．用户诉求点　　　B．品牌诉求点　　　C．企业诉求点　　　D．产品诉求点

三、思考题

（1）新媒体文案写作人员参考同行优质内容的方法有哪些？

（2）怎样利用 SWOT 分析法分析竞争对手？

（3）按照表现形式的不同，素材可以分为哪些类别？

（4）新媒体文案的诉求方式有哪些？

第4章
新媒体文案写作的创意

随着新媒体的不断发展，文案写作变得越来越重要。好的新媒体文案不仅能够吸引用户的注意力，还能够增强品牌的影响力和传播效果。要想增加新媒体文案带来的利益，首要任务就是提高新媒体文案的质量，这就要求新媒体文案写作人员掌握一定的新媒体文案写作的创意与技巧，以吸引用户的注意力，引起用户的共鸣，说服用户关注品牌、购买产品。

知识目标

☑熟悉吸引用户注意力的技巧。

☑熟悉使用户产生代入感的技巧。

☑熟悉使用户产生信任感和引起用户共鸣的技巧。

☑掌握新媒体文案写作的创意策略。

引导案例　红星美凯龙《爱家，因为家爱我们》

家具广告通常强调产品的功能性和实用性，但红星美凯龙却独树一帜，以一部让人惊艳的广告短片《爱家，因为家爱我们》打破了传统的模式。这部短片以创新和温馨为主题，用独特的方式展示了家的价值和家中存在的爱。在广告短片中，红星美凯龙的家具不再只是冷冰冰的物品，而是被赋予了生命和情感。女主角的工作就是扮演一把椅子，她的家人则扮演台灯、墙壁上的挂钟、会议桌、挂衣架等。

由于工作失误，女主角被老板解雇，孤独地回到了家。当女主角拖着疲惫的身躯打开家门的那一刻，家人扮演的家具纷纷活跃起来，为女主角带来了欢笑和安慰。温暖的灯光、舒适的沙发、漂亮的餐桌和餐椅，这些家具仿佛有了情感和生命，它们用各自的方式逗女主角开心。这种温馨的氛围与女主角在职场中遭受的冷漠待遇形成了鲜明对比。这部广告短片不仅成功地传递了红星美凯龙的品牌主题——爱家，更深入地探讨了家的价值和意义。

它告诉我们，家不仅仅是一个供我们居住的场所，更是我们情感的寄托和温暖的港湾。在这个快节奏的社会中，我们需要更多的爱和关怀，而红星美凯龙正好提供了这样一个平台，让我们重新认识到家的价值。红星美凯龙通过这部广告短片展示了他们对于家的理解，同时也提醒我们关注家庭关系和亲情。红星美凯龙用人来扮演各种家具，这种奇特的创意，"脑洞"大开的想象力，在让人惊叹的同时，也给人留下了深刻的印象。

思考与讨论

（1）红星美凯龙是如何通过《爱家，因为家爱我们》进行宣传的？

（2）怎样做好新媒体文案的创意工作？

4.1　新媒体文案写作的创意策略

创意是文案写作过程中的关键因素，下面介绍新媒体文案写作的创意策略，包括头脑风暴法、元素组合法、九宫格思考法、五步创意法和金字塔式结构法。

新媒体文案写作的创意策略

4.1.1　头脑风暴法

头脑风暴法，又称脑力激荡法，是由美国 BBDO 广告公司创始人之一的亚历克斯·奥斯本提出的一种开发创造能力的集体训练法。头脑风暴法的目的在于产生新观念或激发新创意，这种方法有利于打破常规思维，激发人的创新意识。在不受任何限制的情况下，集体讨论问题能激发人的想象力、热情及竞争意识。人们自由发言，相互影响、相互感染，能形成思维热潮，突破固有观念的束缚，最大限度地发挥创造性的思维能力。

一般来说，头脑风暴法常用于小型研讨会，其成功实施的要点包括以下 5 个，如表 4-1 所示。

表 4-1　头脑风暴法成功实施的要点

要点	说明
会前准备	在会议开始前，需要确定会议的主题，并将其提前通报给参会者，让参会者有一定的准备，并使参会者清楚会议提倡的原则和方法；还需要选择会议主持人，以引导会议进程，确保参会者遵守会议基本规则
参会人数	参会人数以 6～10 人为宜，一般不超过 15 人
会议时长	会议时长一般控制在 1 小时内
参会人员	会议可设置一名主持人，用于主持会议但不对参会者的想法做任何评论；还可设置 1～2 名记录员，用于记录所有参会者的各种想法，并对这些想法进行归类；此外，参会者应为不同专业或不同岗位的人员
会议要求	不要在思考的过程中评价其他参会者的想法，完成头脑风暴后才能进行评价；想法越多越好，主要着重于想法的数量，而不是质量，提倡自由发言

新媒体文案写作人员在头脑风暴法的执行过程中可以采用以下流程来梳理思路。

1. 确定文案的主题

确定文案的主题是一项至关重要的工作，它关乎文案的针对性和吸引力。首先，确定文案的主题应基于文案的目标受众。文案的目标受众是谁？他们有什么需求？他们关心什么？回答这些问题将有助于新媒体文案写作人员选择一个与目标受众相关的主题。其次，文案的主题应与品牌定位相符。企业品牌形象是什么？品牌产品或服务有什么独特之处？回答这些问题将帮助新媒体文案写作人员确定文案的主题，使之与企业品牌形象保持一致。

2. 围绕主题确定关键词

确定主题后，要围绕主题确定关键词。新媒体文案写作人员思考的时候可以天马行空，但是关键词必须限定在主题范围内。可以根据文案描述主题的不同方向和对应的不同特点罗列出相应的关键词，这样可产生较多可供选择的特点，如表 4-2 所示。

表 4-2　罗列关键词

方向	特点			
	特点 A	特点 B	特点 C	特点 D
方向 1	1A	1B	1C	1D
方向 2	2A	2B	2C	2D
方向 3	3A	3B	3C	3D
方向 4	4A	4B	4C	4D

关键词罗列出来后，新媒体文案写作人员可以先对关键词进行随意搭配。例如，对同一特点、不同方向的关键词进行搭配，对不同特点、同一方向的关键词进行搭配，以及对不同特点、不同方向的关键词进行搭配，等等。随后新媒体文案写作人员再对搭配好的关键词进行画面联想，甚至可以用笔在白纸上将它勾勒出来，表达自己的想法。在这个过程中产生的关键词联想会为新媒体文案写作人员带来不同的灵感与想法。

3. 确定文案的风格

文案的风格多取决于所要描绘的产品，有趣、温馨、实在、华丽等，都是文案可能涉及的风格。例如，锤子手机的文案通过表达情怀吸引了大量粉丝；某家具公司的文案走的是清新、简约的路线，如图 4-1 所示。所以，新媒体文案写作人员需要先了解文案有哪些风格，再确定使用哪一种风格。

图 4-1　某家具公司的文案

4. 畅想使用场景

新媒体文案写作人员可采用 5W1H 的思考方法，即 What、Who、Where、Why、When、How，畅想用户使用产品的场景，包括思考该事物是什么，使用的主体是谁，在哪里使用，为什么用户会选择使用它，什么时间点使用较多，使用效果如何。

新媒体文案写作人员在向别人抛出一个与产品相关的问题前，应先假设自己正在使用产品或正在做某件事，即换一个角度，站在第三方的立场来看待这个问题，根据一些决定性因素思考别人可能会有的想法，把自己当成用户来搭建使用场景。使用场景搭建好后，应当具体化成生活中容易理解或令人意想不到的事。例如，香飘飘奶茶的文案，"一年卖出 3 亿多杯，杯子连起来可绕地球一圈"。

5. 参考外部信息

在撰写文案前，新媒体文案写作人员可参考各种外部信息进行综合整理，如参考成功案例、流行热点等。

（1）成功案例。可以从成功案例中寻找异同点，判断其价值，再寻求差异化，从而为撰写文案提供参考。

（2）外部素材。可以从抖音热榜、百度热搜榜中寻找外部素材。图 4-2 所示为抖音热榜。

（3）流行热点。可以结合时下热点，借助热点带来的流量，再在结合产品的基础上搜索和参考同行的文案风格。

图 4-2　抖音热榜

6. 修改并确定文案

考虑文案可行与否，有没有向用户明确地传达出产品的特点和亮点，是否能够解决用户的痛点，这些都是文案修改过程中需要重点关注的问题。在条件允许的情况下，新媒体文案写作人员可以把文案初稿向其他人展示，让他们进行讨论和评价，最后对其进行最终的审查。

4.1.2　元素组合法

美国广告创意学者詹姆斯·韦伯·扬给创意下了定义，即创意是旧元素的新组合。元素组合法就是据此来实现创意思维的一种方法。

在进行文案写作时，元素组合法要求新媒体文案写作人员根据文案的主题，先随机填写一些关键词（元素），再对这些关键词与产品或服务进行联想，看它们能否搭配形成一些全新的创意。元素组合法把每一个卖点都看成文案写作的元素，然后将这些元素进行组合，最终形成核心卖点，并通过文案展示出来。在图 4-3 中，新媒体文案写作人员将该产品有卖点的元素展示出来，然后利用元素组合法将卖点组合在一起，从而形成了产品的核心卖点。

图 4-3　利用元素组合法形成产品的核心卖点

4.1.3　九宫格思考法

九宫格思考法是一种简单而有效的思维方式，它将思考过程可视化，帮助新媒体文案写作人员更好地整理思路，从而激发他们的创意。通过将问题、想法和灵感置于九宫格中，新媒体文案写作人员可以在一个框架内进行思考，从而避免思维的混乱和无序。

1.　九宫格思考法的操作步骤

九宫格有助于发散思维。用九宫格思考法创作新媒体文案时，要把产品名称写在正中间的格子内，再把由产品名称引发的各种联想写在其余 8 个格子内。九宫格的填写方式如图 4-4 所示。

图 4-4　九宫格的填写方式

九宫格思考法的具体操作步骤如下。

（1）拿一张白纸，先在白纸上画一个长方形，再将其分割成 9 个格子（3×3），将主题（产品名称等）写在正中间的格子内。

（2）将与主题相关的联想任意写在旁边的 8 个格子内，尽量根据直觉来写，不用刻意寻求"正确"答案。

（3）尽量扩充 8 个格子中的内容，鼓励反复思考、自我辩证，先前写下的内容也可以修改。

对于新媒体文案写作而言，我们可以采取下面两种填写方式。

（1）按顺时针方向填写：将自己想到的要点按照顺时针方向填进格子，循序渐进、由浅入深地对产品卖点进行挖掘。

（2）四面八方任意填写：将自己想到的要点填进任意一个格子，不用刻意思考这些要点之间有什么关系。

2.　填写九宫格的注意事项

使用九宫格思考法寻找新媒体文案创意时，新媒体文案写作人员应注意以下事项。

（1）想到就写。只要是围绕主题产生的联想，都可以填写到主题以外的其他 8 个格子内。

（2）填满格子。填满一张九宫格后，还可以多填写两张九宫格。

（3）进行细分。九宫格中的每一个单项都可以进行细分，甚至可以细分出另一张九宫格。这样，新媒体文案写作人员可以对单项——整理，从而得到更加细致的内容。

（4）用词简明。为了使九宫格清楚且易懂，新媒体文案写作人员应该使用简明的关键词进行描述。

（5）尽量填满。九宫格是新媒体文案写作人员围绕主题进行思维发散的一种解决问题的方法。为了给问题提供更多的解决思路，应该尽量将每一个格子都填满。

（6）重新整理。第一次填写九宫格可能会存在不符合逻辑等问题，此时可以重新思考整理，以建立更好的九宫格模型。

（7）经常修正。掌握了九宫格的使用技巧后，新媒体文案写作人员会产生更多的想法，因此经常修正九宫格中的内容，对新媒体文案写作人员的实际写作更有帮助。

（8）提供行动依据。填写九宫格的最终目标是找到有效的行动依据，因此要求填写的内容能够体现主题，并有助于采取实际行动。

4.1.4　五步创意法

五步创意法是美国广告创意学者詹姆斯·韦伯·扬提出的，顾名思义，这种方法包括以下 5 个步骤。

（1）收集原始资料。原始资料分为一般资料和特定资料。一般资料是指人们日常生活中看到和听到的令人感兴趣的事实。特定资料是与产品或服务有关的各种资料。文案创作所需的要素大多从这些资料中获得，因此，新媒体文案写作人员要想获得有效的、理想的创意，收集的原始资料必须丰富。

（2）发散思维。发散思维是创意过程中的关键步骤。新媒体文案写作人员可以通过观察、思考、讨论等方式来激发灵感。例如，可以尝试列出与问题相关的关键词，然后展开联想，思考这些关键词的各种可能性。

（3）聚焦核心。在发散思维的过程中，新媒体文案写作人员需要不断过滤和筛选想法，以找出最具潜力的核心创意。这一步骤的关键是确保创意与目标受众的需求和痛点紧密相关。一旦确定了核心创意，就可以开始构思文案了。

（4）产生创意。詹姆斯·韦伯·扬认为，如果上述 3 个步骤都认真踏实、尽心尽力去做了，那么，第四个步骤会自然而然地完成，即灵感会在没有任何先兆的情况下突然出现。换言之，创意通常是在竭尽心力、停止有意识地思考，经过一段时间的休息与放松后出现的。

（5）优化和改进。一个新的创意不一定很成熟、很完善。新媒体文案写作人员可以通过市场调研、用户反馈等方式来了解目标受众对文案的反应，并根据目标受众的反馈进行优化和改进。

4.1.5　金字塔式结构法

金字塔式结构法是指将自己的多个想法按从上至下或从下至上的顺序排列出来，形成由同一思想统领的递进式结构。这种结构既包含主题与子主题之间的纵向关系，也包含子主题与子主题之间的横向关系，能够帮助新媒体文案写作人员快速、明确地找到文案的主题和中心论点，让文案逻辑清楚、条理明晰。

运用金字塔式结构法写作的每一篇新媒体文案都有其独特的主题，且每一篇都围绕主题展开，并根据主题确立论点，论点下又有论据支撑，如此层层展开，文案便有理有据。图 4-5 所示为金字塔式结构。

文案的主题通常是文案的核心卖点。新媒体文案写作人员可以通过金字塔式结构，梳理出能体现核心

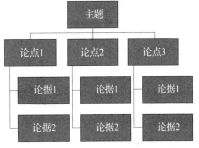

图 4-5　金字塔式结构

卖点的论点，再列出支撑各论点的论据，以理清文案结构。

某知名家居品牌为了提升品牌认知度，扩大市场份额，决定推出一款新型家居产品。为了吸引用户的关注，该品牌决定撰写一篇文案，向潜在用户展示该产品的独特优势和卖点，其文案如下。

（1）主题句（主题观点明确）：本次推出的新型家居产品，旨在为您的家居生活带来更多的便利，让您感到更舒适。

（2）分点解释（运用各种理由和案例来支撑主题句）。

- 高效节能：采用先进的节能技术，比传统家居产品节省高达 30%的能源。
- 环保安全：采用环保材料，无毒无害，确保您和家人的健康安全。
- 智能控制：配备智能控制系统，可通过手机 App 远程控制，方便快捷。
- 适配多样化的家居装修风格：适配各种不同的家居装修风格，为您的家居增添亮点。
- 高品质的材料：采用优质的木材和金属等材料，经久耐用，品质有保证。
- 良好的售后服务：提供全面的售后服务，让您无后顾之忧。

（3）结论（总结分点解释）：综上所述，这款新型家居产品具有高效节能、环保安全、智能控制、适配多样化的家居装修风格、高品质的材料及良好的售后服务等诸多优势。相信它一定能为您的家居生活带来更多的便利，让您感到更舒适。

4.2 新媒体文案的写作技巧

新媒体文案的写作技巧有很多，新媒体文案写作人员需要不断实践和总结。只有掌握了这些技巧，才能写出吸引人、有价值的文案，进而提高品牌知名度和销售业绩。

课堂讨论

（1）一般情况下你会被文案的哪一部分吸引？是文案标题，还是文案正文？
（2）通过哪些方法可以让用户产生代入感？

4.2.1 吸引用户注意力的技巧

一则好的文案能够吸引用户的注意力，激发他们的购买欲望，从而让企业实现销售目标。让文案吸引用户注意力的技巧包括与用户利益相关、制造对比、满足好奇心。

1. 与用户利益相关

文案成功与否，通常取决于它能否与用户利益紧密相连。用户通常只关注那些与自己有直接利益关系的事情。因此，文案的写作必须紧紧围绕用户利益，尽可能地满足他们的需求。当文案能够直接说明产品或服务的卖点，以及给用户带来好处、收益或价值时，它就更容易引起用户的关注和兴趣。

新媒体文案写作人员在写文案时，应时刻询问自己产品的卖点是什么，能够给用户带来的好处或价值是什么；然后以用户最能理解的语言表述出来。这样写出的文案才更容易引起用户的注意。例如，某健康食品的文案可以强调其富含营养、易吸收的特点；某美容护肤产品的文案可以突出其易吸收、多效抗皱的功效，如图 4-6 所示。

2．制造对比

对比是一种有效的写作手法，它通过展示两个或多个事物的差异来凸显它们的特征或优点。在文案中，对比可以帮助新媒体文案写作人员更有效地传达信息，引发用户的好奇心和思考，引导他们进一步了解企业的产品或服务。常见的对比有使用前后对比和与竞争对手对比两种。

（1）使用前后对比。文案通过使用产品或服务前后的对比，能使目标用户更明确地感受到文案所表现的卖点。一般来说，产品或服务效果越明显，产品使用前后的对比就越有说服力。图 4-7 所示为安装隔音门窗前后的对比，可以突出产品的效果，让用户更有购买欲望。

图 4-6　某美容护肤产品的文案

图 4-7　安装隔音门窗前后的对比

需要注意的是，使用前后对比应该客观、真实，避免夸大其词，否则容易造成用户误解和不良影响。

（2）与竞争对手对比。通过与竞争对手对比，企业可以更好地突出自身的优势，吸引目标用户的注意，并使他们在决策过程中更倾向于选择自己的产品或服务。这些优势可能是产品质量、服务水平、价格策略、用户友好性，或者企业在市场中的独特地位。图 4-8 所示为将自己的产品与其他产品进行对比。

图 4-8　将自己的产品与其他产品进行对比

3．满足好奇心

好奇心是科学家、发明家、探索者不可或缺的品质。新媒体文案写作人员可以利用用户的好奇心来引起他们对某些产品的注意，以此刺激他们产生购买产品的行为。首先，新媒体文案写作人员要强调产品与众不同的卖点。例如，这款产品不仅具备基本功能，还拥有一些令人惊叹的附加功能；或者这款产品的独特设计能够带来全新的使用体验。无论是什么产品，它只要具有独特的卖点，通常就能引起用户的注意。其次，新媒体文案写作人员要通过设置悬念来唤起用户的购买欲望。例如，这款产品正在进行 7 折促销；或者这款产品拥有一些不为人知的秘密，只有购买后才能知道。这样的悬念设置，能够让用户产生强烈的购买冲动。

4.2.2　使用户产生代入感的技巧

使用户产生代入感的技巧

代入感，简单来说就是让用户能够身临其境般地感受到文案中的情感、情境和人物角色。代入感主要通过营造合适的销售或品牌场景来实现。用户如果能够感受到文案中所描述的内容就发生在自己身边，便会产生强烈的代入感。这里有 4 种使用户产生代入感的方法：讲故事、提问题、用情怀、设置悬疑点。

1. 讲故事

通过讲故事使用户产生代入感是文案写作中一种非常有效的方法，它能够拉近与用户之间的距离，使用户更容易产生情感共鸣，让用户感受到产品或品牌的独特魅力，从而增加产品的销量，提高品牌的关注度。同时，选择合适的主题、描绘生动的场景、塑造鲜明的人物形象、进行情感渲染及运用恰当的语言风格都是让文案更具说服力的关键因素。

讲故事的方法几乎适用于任何产品和品牌，更适用于同质化比较严重的产品。产品在卖点上找不到更大的突破点时，可以用故事来加强情感联系，当然也可以在产品本身就具有很大特点时，用故事来强化这个特点。

2. 提问题

在文案中，提问题能够引起用户的重视，激起他们的反应，甚至让他们产生代入感，直接进入文案要表达的主题中去。提问题能够引发用户的思考，激发他们的想象力，让他们对文案中所描述的产品、服务或理念产生共鸣。例如，某美容品牌的文案中的问题是"你愿意让你的美丽被时间打败吗？"，这一问题激发了用户对美容保养的关注，同时也强调了该品牌的美容产品能够对抗时间的价值主张。

提出的问题可以是选择式、填空式、反问式，或只是陈述句加了一个问号，这都能够产生代入的效果。提问题一般适用于功能性比较强的产品或服务介绍，文案通过提问题为目标用户展示其困扰点，然后告知他们通过品牌商的产品或服务可以消除这一困扰。

3. 用情怀

在文案中，新媒体文案写作人员可以用情怀来营造代入氛围，让目标用户真正感受到品牌的魅力，进入相应的情境中。例如，新媒体文案写作人员可以使用具有情怀的图片和视频，配上优美的音乐和文字，营造出一种温馨、怀旧、浪漫的氛围。同时，新媒体文案写作人员还可以利用色彩、字体、排版等元素，进一步强化情感氛围。

情怀尤其适用于带有文艺风格的品牌，也同样适用于非生活必需品。企业通过宣传一种生活方式，营造出具有情怀的氛围，以达到让用户产生代入感的目的。下面是通过情怀使用户产生代入感的电商文案案例。

你是否还记得小时候，那些手捧着书卷，沉浸在故事中的日子？你是否还记得那些与朋友分享的快乐时光，一起度过的漫长夜晚？这些都是你心中最珍贵的回忆，也是你情感的源泉。现在，我们为你带来了一款产品——一款能让你重新找回那些美好时光的产品。它不仅是你生活中的小助手，更是你心灵的寄托。这款产品用真挚的情感温暖你的生活，陪伴你度过每一个珍贵的时刻。当你疲惫时，它会在一旁默默陪伴着你；当你孤独时，它会给你带来欢笑和温暖；当你迷茫时，它会指引你并给你力量。它不仅仅是一款产品，更是一个与你共享生活与情感的朋友。

4. 设置悬疑点

在我们的日常生活中，有一个非常有趣的现象：大多数看电视剧的人，一旦开始看，就会一集接着一集看，根本停不下来。为什么会有这样的现象呢？其实，这背后有一个重要的原因——电视剧的编剧们巧妙地运用了一种叙事技巧：在每一集的最后几分钟设置一个悬疑点，让人对下一集充满期待和好奇。通过设置悬疑点，留下一个疑问，让人想不断地探究下去，这样的方式在新媒体文案中常常用在开头，也会散布在长广告文案中间，目的都是吸引用户继续看下去，例如设置悬疑点的文案："你是否想过为什么你每天醒来都感觉疲倦？""当她打开房门时，她发现……下一篇文案将揭开这个谜团。"

设置悬疑点的关键在于吸引用户的好奇心，让他们对文案产生兴趣并继续阅读下去。这样的技巧不仅适用于电视剧和广告文案，也适用于各种类型的新媒体内容。通过巧妙地设置悬疑点，新媒体文案写作人员可以让内容更具吸引力，提高用户的参与度和忠诚度。

写文案时要根据自身的情况有选择地运用不同方法制造代入感，其中讲故事适合同质化严重的产品或服务，也能够用于卖点显著的产品或服务；而提问题更适合有明显特色的产品；用情怀适用于带有文艺风格的品牌或非生活必需品；设置悬疑点适用于解决方案，也同样适用于一般软文广告。

4.2.3　使用户产生信任感的技巧

使用户产生信任感的技巧

文案作为与用户沟通的重要工具，尤其需要注重建立信任感。增强用户的信任感，可以有效地影响用户的购买决策，从而在"传播—影响—购买"的过程中发挥关键作用。当用户对文案产生信任感时，他们更有可能相信文案中的信息，并愿意考虑购买该产品或服务。本小节将讲述使用户产生信任感的技巧。

1. 借助权威

这里的权威是指具有专业知识、技能和经验的人。他们被广泛认可为某一领域的专家，他们的观点和意见具有很高的可信度。在文案中，借助权威可以增强说服力，使用户更容易相信企业的产品或服务。

此外，在文案中引用权威研究数据报告和权威证书，提供能够证明产品不是虚假产品的文件，也可以提高产品的可信度，让用户感觉企业很专业、很可靠。这些报告和证书通常由专业机构或知名学者提供，具有较高的可信度。图 4-9 所示的文案中展示了产品的相关证书和证明资料。

图 4-9　产品的相关证书和证明资料

2. 借助细节

细节就是更具体的信息、更具体的卖点。文案可通过逐个展示细节来体现整个产品主要的卖点。

即使用户对产品有购买意向，但如果文案中缺乏对产品细节的描述，也会影响成交。因此，在文案中适当加入产品细节图有助于用户了解产品细节，促成交易。服装类产品需要拍摄的细节部分有吊牌、拉链、线缝、内标、标志、领口、袖口及衣边等。细节图越多，用户看得越清楚，当然对产品的购买欲望也就越强。图 4-10 所示的产品细节图中，多幅图片详细展示了产品的不同细节。

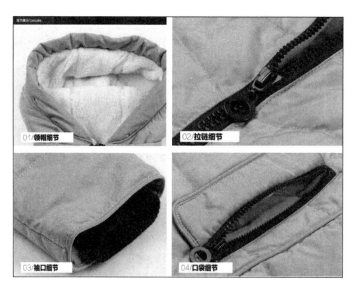

图 4-10　产品细节图

3. 用数据

在这个信息爆炸的时代，人们越来越注重信息的真实性和可靠性。数据是对客观事实的反映，能够让用户感受到文案的真实性和可靠性。通过数据，文案能够向用户展示产品或服务的优势和特点，从而增强他们对文案的信任感。

美的空调的"1 晚 1 度电"也是同样的道理。如果直接说空调很省电，用户多半无感；但是说"1 晚 1 度电"就能直接把具体的用电情况用数据呈现出来，这样用户会立刻有感知，文案变得真实可信。

以某美容产品的文案为例，该产品主打使用天然成分和无添加，强调对肌肤的呵护和保养。在文案中，可以运用以下数据来提升说服力：该产品的用户中，有 85% 的人在使用一个月后，肌肤状态明显改善；该产品的销售额连续 3 个月环比增长 20%，说明该产品的市场竞争力不断增强。

在信息传递的过程中，我们发现了一个有趣的现象：当涉及数字表述时，我们倾向于使用阿拉伯数字而非汉字数字。例如，描述价格时，我们更倾向于使用"100 元"而非"一百元"。相比汉字数字，阿拉伯数字能够更快地被人们理解和接受。许多研究表明，人们更容易记住和回忆起阿拉伯数字。这是因为阿拉伯数字具有简洁、明了的特点，能够更快地直达大脑，给人留下深刻印象。

4．添加用户评价

在文案中添加用户评价，尤其是真实、客观的用户评价，已经成为提升产品吸引力、增强用户信任感及推动销售的关键策略。

首先，用户评价是产品吸引力的直接来源。这些评价让潜在用户直观地了解产品的优缺点。如果用户评价中提到的产品问题得到了解决，那么这将成为产品的优点，吸引更多的用户。

其次，用户评价能够增强用户的信任感。当用户看到其他人的真实反馈时，他们会更愿意相信这些评价是真实的。这种信任感对于购买决策的影响是巨大的。如果用户对产品有足够的信任，他们可能会选择购买，甚至可能会推荐给他们的朋友和家人。

最后，用户评价可以促进销售。这一点是不言而喻的，真实的用户评价可以让用户知道哪些产品适合他们，以及产品的实际使用效果如何。这样的信息可以让用户更快地做出决定，进而提高销量。

在文案中添加用户评价如图 4-11 所示。

图 4-11　在文案中添加用户评价

5．添加示范效果

在文案中添加示范效果，不仅可以生动地展示产品的特点和功能，而且可以给用户带来一种亲身体验的感觉。这种直观的展示方式能够有效地消除用户的疑虑，增强他们对产品的信任感。图 4-12 所示为玩具玩法的视频演示，让用户亲眼看到效果，从而使文案更可信。

类似这种直接示范产品效果的案例还有很多，如电饼铛销售人员会直接在现场做蛋糕，厨房刀具销售人员会在现场展示刀具的使用效果。如此示范的主要作用除了重点强调产品的卖点，还能够营造出用户在家使用产品的场景，也会让用户产生代入感。另外，商家会创造出极端的环境以展示产品效果，往往环境越极端则越具有说服力。

图 4-12　玩具玩法的视频演示

4.2.4　引起用户共鸣的技巧

写作文案的最终目的都是促成销售。要想让用户浏览文案后就购买产品，文案就必须要能打动用户，引起用户共鸣。

新媒体文案写作人员首先要清楚用户的需求，了解用户想要看到什么样的内容。新媒体文案写作人员可以多跟用户交流，如果多数用户都有这个需求，那么文案的内容和主题也就可以确定了。因此，想引起用户共鸣，关键还是要把握用户的需求；如果不了解用户，就无法与之产生共鸣，更不用说让更多用户愿意看文案了。

能够引起用户共鸣的技巧通常有以下 3 种。

（1）惊讶。这里的惊讶是一种表现形式，是指文案让用户产生"啊！你怎么知道？"的感受。

（2）赞同。赞同是指用户同意文案中的观点，文案会让用户产生"对！我也是这样想的！"的感受。

（3）刮目相看。刮目相看是指用户认可文案，文案改变了用户的原有印象并让其产生"原来是这样，我之前都不知道！"的感受。

4.2.5　针对不同购买心理的文案写作技巧

购买心理是影响用户购买决策的重要因素，新媒体文案写作人员了解并掌握不同购买心理的文案写作技巧，有助于提升营销效果。本小节将介绍几种常见的购买心理类型及其对应的文案写作技巧。

1. 求实心理

求实心理是目前用户普遍存在的心理。具有这种心理的用户在购买产品时，首先要求产品必须具备实际的使用价值。因此，产品的质量一定要过硬，这样才能保证以后有更多的交易。针对这种购买心理，新媒体文案写作人员在文案中要突出产品的质量、功效、实惠、耐用。图 4-13 所示的文案中突出了产品的质量及耐用性，能有效引导具有求实心理的用户购买。

2．求新心理

求新心理是指追求产品的时尚和新颖的心理。具有这种心理的用户在购买产品时重视产品是否"时尚""新颖""奇特"，而对于产品是否经久耐用、价格是否合理等因素考虑较少。

针对具有求新心理的用户，新媒体文案写作人员在撰写文案时可以使用"时尚""奇特"之类的词语，重点展示产品的流行性、独特性与新颖性。

3．低价心理

低价心理是一种"少花钱，多办事"的心理，其核心是"低价"。具有这种心理的用户在选购产品时，通常会对同类产品之间的价格进行仔细比较，喜欢选购折价或处理产品。

针对这个特点，新媒体文案写作人员要特别重视展现产品的价格，可以利用降价、打折、特价等促销活动引导具有低价心理的用户产生购买行为。图 4-14 所示的文案突出促销打折信息，可以促使具有低价心理的用户下单购买。

图 4-13　突出产品的质量及耐用性

图 4-14　突出促销打折信息

4．求美心理

美的产品会带给一些用户强烈的满足感和快感。具有这种心理的用户在选购产品时关注产品的欣赏价值和艺术价值，强调"艺术美"。对此类用户，新媒体文案写作人员需要在文案中特别强调产品的包装、款式等方面的美。

5．名牌心理

名牌心理是一种以追求名牌、高档产品为主导，以显示自己的地位和威望为主要目的的购买心理。具有这种心理的用户特别重视产品的品牌。

对此类用户，新媒体文案写作人员要在文案中突出产品的品牌名称和品质，要使产品图片展现出产品的品质。

6．隐秘性心理

具有隐秘性心理的用户，购物时不愿被他人所知，所以常常采取秘密行动。他们一旦选中某件产品，而周围又无旁人时，便会迅速成交。新媒体文案写作人员可以在文案宣传中强调产品在物流货运方面的隐私保护措施。

7. 从众心理

其实不仅是网上的用户，大多数线下用户也有这种想法——看到别人在某家店铺买的产品不错，就都会到同一家店铺去买。

新媒体文案写作人员在文案中要强调产品的销量，还可以把以前的销量数据或用户的评价添加到文案中，从而引导具有从众心理的用户购买，如图 4-15 所示。

图 4-15　添加销量数据

 素养课堂

年轻人热衷国产品牌

近年来，中国的消费市场经历了巨大的变革。海外品牌在国内大受欢迎的时代已渐行渐远，取而代之的是越来越多的国产品牌走进了人们的视野，并登上主舞台。在这个趋势中，年轻一代表现出了对国产品牌的热烈追捧，其背后深藏的从众心理值得深入探讨。在全球化日益深入的今天，许多年轻人对国产品牌的追捧并非完全因为对本土文化的认同，而是因为他们对国产品牌品质、设计、科技等方面的认可。他们看到了国产品牌在品质、设计、科技等方面的进步和提升，看到了它们在市场上的竞争力。这种进步和竞争力使得越来越多的年轻人愿意选择国产品牌，而非一味追求海外品牌。

国产品牌消费日渐成为新一代消费者的重要选择。其中，既有近些年崛起的新兴国产品牌，也有耳熟能详的传统国产品牌。近期的"国潮"不再局限于国风文创产品或具有中国风元素的服装样式，国产品牌开始在特定消费领域形成巨大的影响力，甚至开始引领潮流。例如，"李宁"就是一个可以赋予消费者超过服装本身价值的国产品牌。

这代年轻人生长在物质相对丰富的年代，习惯以平等视角看待海外品牌和国产品牌，他们亲历国家经济飞速发展的时代，拥有更高的文化素养与更开阔的眼界。国家崛起与文化自信的时代背景也使这代年轻人在乎品牌的文化内核、个性表达，愿意为与众不同的优质国产品牌买单。好用、时髦又具文化底蕴的国产品牌与年轻人的诉求不谋而合。

8．安全心理

具有安全心理的用户通常要求在产品的使用过程中和使用产品以后，商家必须保证产品的质量安全，不能出现任何安全问题。新媒体文案写作人员可以在文案中展示食品的绿色、健康，如图 4-16 所示；也可以在文案中展示食品的质检安全报告等，如图 4-17 所示，以引导用户购买。

图 4-16　展示食品的绿色、健康

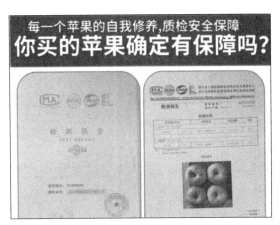

图 4-17　展示食品的质检安全报告

9．疑虑心理

疑虑心理是一种瞻前顾后的购物心理，其核心是怕上当受骗。具有疑虑心理的用户在购买产品的过程中，对产品质量、性能、功效持怀疑态度，怕上当受骗，因此反复向商家询问，仔细地检查产品，并且非常关心售后服务，直到心中的疑虑消除之后才会购买。新媒体文案写作人员在写作文案时如果能帮助用户消除这种疑虑，就会更容易取得用户的信任，因而可以在文案中添加保障购物承诺，如可以 7 天无理由退货、送货上门等。图 4-18 所示为在文案中添加保障购物承诺。

图 4-18　在文案中添加保障购物承诺

本章实训

珠宝首饰产品的新媒体文案写作

假设你是某珠宝首饰品牌的新媒体文案写作人员，公司新上了 3 款珠宝首饰，需要你为这批珠宝首饰撰写产品推广的新媒体文案，以增强用户对产品的信任感，提高产品的知名度，促进用户购买产品，增加销售额。

【实训要求】

（1）深入理解产品特点，提炼其卖点，从而向潜在用户传达出产品能够给他们带来的利益。

（2）借助权威信息，打消用户的疑虑，让他们对产品有更深入的了解。

（3）提供真实可靠的数据，增强用户的信任感，让他们更愿意购买产品。

（4）通过讲故事的方式让用户产生代入感，从而更好地理解公司的产品。

【实训内容】

（1）分析产品的特点。在分析产品的特点时，可从产品整体、产品原料、工艺设计、价值等方面展开。例如，我们的珠宝首饰，以其精湛的工艺、独特的款式和优良的材质，赢得了广大用户的喜爱。我们的产品不仅美观大方，而且具有很强的实用性。我们的手镯不仅外观时尚，而且可以有效地防止滑落。

（2）分析产品的权威信息。产品的权威性可以从材质、产品设计、产品整体等不同方面加以体现。例如，我们的珠宝首饰已经通过了国际质量标准认证，并且获得了多项专利。这些权威认证和荣誉不仅证明了我们的产品质量，也表明了我们产品的专业性和信誉。

（3）提供产品数据。产品可以提供的数据一般包括产品销量、产品重量、金或银占比等。例如，我们的珠宝首饰销量一直名列前茅，该产品镶嵌宝石 5 颗，每颗宝石价值均在 10 万元左右。

（4）通过故事叙述。为了让用户更好地理解产品，可以讲述产品背后的故事或有关产品使用场景的故事。这里以产品使用场景的故事为例。主人公是一名演员，她经常需要戴着珠宝首饰参加各种活动。她选择我们的珠宝首饰，不仅因为其美观大方，更因为其具有防滑功能和舒适的佩戴体验。这个故事可以让用户产生代入感，从而更好地了解产品。

思考与练习

一、填空题

（1）＿＿＿＿＿＿＿的目的在于产生新观念或激发新创意，这种方法有利于打破常规思维，激发人的创新意识。

（2）常见的对比有_____和_____两种。

（3）_____，简单来说就是让用户能够身临其境地感受到文案中的情感、情境和人物角色。

二、选择题

（1）（　　）是指将自己的多个想法按从上至下或从下至上的顺序排列出来，形成由同一思想统领的递进式结构。

  A．金字塔式结构法   B．五步创意法

  C．九宫格思考法   D．元素组合法

（2）（　　）是一种瞻前顾后的购物心理，其核心是怕上当受骗。

  A．安全心理 B．疑虑心理 C．隐秘性心理 D．从众心理

（3）具有（　　）心理的用户在购买产品时，首先要求产品必须具备实际的使用价值。

  A．求实   B．求新   C．求美   D．名牌

（4）下列哪一项不是使用户产生代入感的技巧？（　　　　）

  A．讲故事   B．提问题   C．设置悬疑点 D．借助权威

三、思考题

（1）吸引用户注意力的技巧有哪些？

（2）使用户产生代入感的技巧有哪些？

（3）引起用户共鸣的技巧有哪些？

（4）使用户产生信任感的技巧有哪些？

第5章
不同平台的新媒体文案写作

　　随着互联网的发展，新媒体平台在信息分享、营销推广方面的作用被越来越多的企业所重视。微信、微博、小红书等都是较为常见的新媒体平台，新媒体文案写作人员可将文案发布在这些平台上，以达到宣传的目的。本章就来介绍不同平台的新媒体文案写作。

知识目标

☑ 掌握微信文案写作。

☑ 掌握微博文案写作。

☑ 掌握小红书文案写作。

☑ 掌握社群推广文案写作。

☑ 掌握今日头条文案写作。

☑ 掌握短视频与直播文案写作。

引导案例　家装企业通过微信公众号营销

　　一部小手机，蕴藏大文章。方便、快捷、及时等多重优点使得微信营销成为企业非常重要的营销手段。

　　微信营销正呈现爆发式的增长趋势。现在很多企业创建了自己的微信公众号，通过微信公众号进行营销推广。这不是跟风，而是移动互联网时代的必然趋势。随着微信公众平台功能的不断完善及技术的提升，微信公众号成为企业竞相角逐的营销新阵地。

　　随着生活水平的不断提高，家居装修在用户心目中的地位越来越高，家装行业的竞争也变得更加激烈。那么，家装品牌如何才能从众多同行中脱颖而出，扩大自己的影响力呢？这就需要企业具有敏锐的市场洞察力，借助当下盛行的营销方式来推广。其中，微信营销就是一种不错的营销方式。

　　李晓阳所在的企业运营了一个家装微信公众号，这个微信公众号向用户提供家装建材方面的信息、市场动态，还与用户展开交流互动，提供个性化的优惠服务。用户可以通过输入关键词获取家装建材信息，还可以参与"转盘抽奖""刮刮乐"等活动。这些营销活动扩大了该微信公众号的影响力，同时也提高了一些家装品牌的知名度。

　　有人认为，微信营销的关键是增加微信粉丝数量，同时文案也是非常重要的，企业进行微信营销应多重视文案的写作。微信文案可以为粉丝提供优质的内容，便于粉丝分享到朋友圈、微信群。如果微信文案足够好，就会进一步增加粉丝数量。通过口碑相传，企业的产品就宣传出去了，企业的知名度就有了，企业的营销也就到位了。

思考与讨论

（1）你见过哪些企业或品牌通过微信进行营销？

（2）怎样才能写出好的微信文案？

5.1　微信文案写作

　　微信作为新媒体营销的重要平台，确实具有许多优势，如用户数量多、黏性强、使用频率高等，为营销提供了更多的可能性。微信文案在微信营销中扮演着重要的角色，它能够直接影响用户对品牌或产品的认知和态度，进而影响用户的购买决策。

课堂讨论

（1）浏览一些阅读量超过 10 万次的微信文案，分析这些文案有哪些特点。

（2）微信公众号文案写作有哪些技巧？

5.1.1　认识微信文案

　　微信文案是指利用文字、图片、视频等元素创作的，在微信平台发布的文案，是一种比较常见的文案。常见的微信文案表现形式包括微信朋友圈文案、微信公众号文案和微信视频号文案。

　　总体来说，微信平台上的文案具有以下几个特点。

　　（1）生活化。生活化即微信文案常以用户的需求为主，贴近用户的实际生活，通过生活中常见的情景、氛围等展现用户关注的内容，以快速吸引用户注意。

　　（2）易于分享。用户看到感兴趣的微信文案，可能会主动将其分享到自己的微信朋友圈和微信群，特别是一些促销活动和打折信息。这样就产生了一传十、十传百的效果，形成了一个不断扩散且范围广泛的交流圈。

　　（3）多样化。多样化即微信文案有文字、图片、音频、视频等多种表现形式，可以为用户传递更多且更便于理解的内容。它可以通过图文并茂的描述或诙谐幽默的故事巧妙地引导用户，让用户自然地接受并主动寻求更多的内容，这大大提高了用户的接受程度，也提高了转化率。

（4）传播效率高。微信文案的传播效率比较高，因为微信是一款即时通信工具，所以对于企业在微信朋友圈、微信公众号、微信视频号中发布的信息，用户可以在任何时间、任何地点查看。

（5）渠道化。渠道化即微信文案可以借助微信平台建立自身渠道，以及扩展外部渠道。其中，自身渠道包括微信好友、微信群、微信朋友圈、微信公众号、微信视频号等。借助这些渠道，企业可以让更多人了解并认可品牌和产品。在扩展外部渠道方面，企业可以借助其他社交媒体平台，如 QQ、微博等，扩大影响力，吸引更多用户的关注。这些外部渠道可以为微信文案提供更多的曝光机会，增加潜在用户的数量。

5.1.2　微信朋友圈文案写作

随着微信用户的增加和微信影响力的不断扩大，微信朋友圈文案营销成为常见的营销方式。新媒体文案写作人员可以利用以下方法来写作微信朋友圈文案。

微信朋友圈文案
写作

1．介绍产品信息

对于企业来说，微信朋友圈文案的重点是推广产品，因此，新媒体文案写作人员可以适当地在微信朋友圈中发布产品上新信息、产品详情信息、促销活动、发货情况等内容。但是发布信息不能太过频繁，每天发布一次到两次或每两天发布一次为宜，这样的分享也会刺激一些潜在用户产生购买的欲望。图 5-1 所示为介绍产品信息的文案。

新媒体文案写作人员在介绍产品信息时可以将订单信息等发到微信朋友圈，以表明产品交易信息的真实性，从而激发用户的购买欲望，使其产生更多的购买行为。

图 5-1　介绍产品信息的文案

2．分享日常生活

分享日常生活是指在发布微信朋友圈文案时，新媒体文案写作人员千万不要一味地发布产品广告，天天"刷屏"。生活中的点滴创意和趣事如果能够加以利用，在合适的时间发布到微信朋友圈，也能够引来关注，从而提高微信朋友圈的活跃度。新媒体文案写作人员还可以将产品融入分享日常生活的文案，让用户在浏览日常生活趣事时了解产品，增加用户对产品的认同感，从而达到促进消费的目的。

图 5-2 所示为某新媒体文案写作人员发布的分享日常生活的微信朋友圈文案。图 5-3所示为融入产品的微信朋友圈文案。

图 5-2　分享日常生活的微信朋友圈文案

图 5-3　融入产品的微信朋友圈文案

3．发布互动话题

发布互动话题也是在微信朋友圈增加用户数量的一种方式。新媒体文案写作人员可以直接在微信朋友圈中发布一些互动性比较强的话题，让用户参与讨论。讨论的话题要比较新奇，有一定的宣传作用与实用价值。

例如，护肤类产品的新媒体文案写作人员在秋冬季可以发布一条微信朋友圈，设计一个话题：秋冬季补水为什么会过敏？有了话题后，一定要发动尽可能多的用户参与讨论，只有目标用户参与进来，才有可能成交。新媒体文案写作人员可以提前设计好几条讨论的内容，引导更多的用户参与，并向自己需要的方向引导讨论。

互动可以是要求用户在微信朋友圈下面留言，提出一些建议或评价，再从中抽取幸运用户并送礼；也可以是发表一些趣味话题，如猜谜、竞拍等；还可以通过一定的激励方式鼓励转发分享。

4．借助热点

借助热点，尤其是当下网络上的新闻及节假日等，这些热点通常具有很高的关注度，能够引发广泛讨论和关注，使文案更容易被用户关注。新媒体文案写作人员可以将文案与热点衍生的话题、讨论等关联起来。

5．分享专业知识

在写作朋友圈文案时，新媒体文案写作人员通常需要展现与产品相关的专业知识，这样才能提高产品的可信度，促使用户产生购买行为。一般来说，新媒体文案写作人员可以讲解的专业知识包括产品使用方法、使用技巧、产品功能、产品技术等。

6．展示用户评价

在微信朋友圈进行营销时，新媒体文案写作人员可以将用户在微博、微信等平台上的产品使用感受、评价等截取成图片，并展示在微信朋友圈中，从而提高产品的可信度，促使用户产生消费行为。而当用户购买并使用产品之后，有时，为了让用户在微信朋友圈中分享使用感受，可提供一些赠品，将赠品与用户下次购买的产品一起邮寄过去，一举两得。

5.1.3 微信公众号文案写作

微信公众号是企业或个人在微信公众平台上申请的应用账号，企业或个人通过微信公众号可以向已关注公众号的用户推送文案。新媒体文案写作人员一定要掌握好微信公众号文案的写作方法。下面，从配图、标题、摘要、正文 4 个方面详细介绍微信公众号文案写作。

1. 配图

好的文案配上好的图片才算精彩。图片配得好，不仅会为文案增添不少魅力，而且可以吸引用户关注。微信公众号中常见的配图包括封面配图和正文配图，两种配图各具特色。

（1）封面配图。微信公众号文案的封面配图是对文案内容的简要说明和体现，用以快速吸引用户的注意，激发用户潜在的浏览欲望。但需要注意的是，微信公众号文案的封面配图一般使用与文案或产品相关的图片，不能出现图文不符的情况。微信公众号文案的封面配图如图 5-4 所示。

新媒体文案写作人员在挑选封面配图时，一定要选择背景干净、重点突出的图片。如果背景混乱，很容易影响用户阅读，重点不突出也会产生干扰。

（2）正文配图。新媒体文案写作人员为微信公众号文案的正文搭配的图片一定要和正文有一定的关联。例如，讲解美食的微信公众号文案的正文可以配上美食图片，介绍旅游产品的微信公众号文案的正文可以配上风景图片。微信公众号文案的正文配图如图 5-5 所示。

图 5-4　微信公众号文案的封面配图

图 5-5　微信公众号文案的正文配图

2. 标题

微信公众号文案写作的第一要务是吸引用户，引起用户的阅读兴趣，因此，微信公众号文案的标题非常重要。微信公众号文案的标题如图 5-6 所示。微信公众号文案的标题拟定方法可参考第 2 章中文案标题拟定的相关内容。标题是对文案的高度概括，要使用户看到它就能理解文案。因此，标题必须结合微信公众号文案的主题，不能与文案毫无关联。

3．摘要

摘要即微信公众号文案封面缩略图下面的一段引导性文字，如图 5-7 所示。它可以是直接陈述性的文案，也可以是提问式的文案。它可以快速引导用户了解主要内容，或提出具有吸引力的问题，也可以吸引用户点击和阅读，增加微信公众号文案的点击量和阅读量。摘要的字数不宜太多，要控制在 50 字以内，摘要的内容要根据标题和正文拟定。如果微信公众号文案是优惠活动文案，可将优惠信息作为摘要来吸引用户。

图 5-6　微信公众号文案的标题

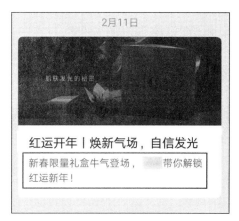

图 5-7　微信公众号文案的摘要

一般微信公众号文案摘要会显示在单图文列表界面中，在多图文列表界面中则不会显示。如果选择单图文模式发表文案却不添加摘要，微信公众号会默认将正文的前面几行文字显示为摘要，这样就浪费了单图文的大好位置。因此，新媒体文案写作人员要重视摘要的写作，最好在写完正文后仔细阅读，结合正文内容和自己的见解写作摘要。

4．正文

微信公众号文案正文的写作相对来说就要自由很多，可以简单地阐述，也可以分门别类地总结。一般来说，微信公众号文案正文主要有原创和转载两种模式。原创难度较大，但此种模式下，用户的忠诚度更高。微信公众号文案正文的写法也可以参考第 2 章正文写作的相关内容，这里补充一些微信公众号文案正文写作的策略。

（1）内容要满足用户需求。要想使微信公众号文案吸引用户阅读甚至产生转化效果，新媒体文案写作人员应当从用户需求入手，进行内容的策划与定位，从不同角度选出合适的选题，如行业热门消息、有深度的"干货"、产品信息延伸、产品折扣信息、有内涵的企业文化、生活实用技巧、企业文化与员工生活、产品福利活动等，激发用户的自主分享欲和传播欲，为微信公众号吸引更多属性相同的高质量用户。

（2）配图要美观、适当。在微信公众号文案里，文字和图片必不可少，一般以文字为主、图片为辅，二者相辅相成、缺一不可。文案中的配图可以增强内容的表达效果，缓解用户的阅读压力，提升用户的阅读体验，使传达的信息更加直观、丰富。新媒体文案写作人员在为文案配图时需要注意以下事项。

- 图片要清晰。应当尽量使用分辨率高的图片，不清晰的图片会使用户产生不适感。

- 图片要与文字相关。图片应当配合文字，起到锦上添花的作用。不可以随意插入能吸引眼球但与文字无关的图片。

- 图片不能影响阅读的连贯性。一般情况下，一段文字配一张图片较好，不要在两段文字中间添加过多的图片，否则容易影响阅读的连贯性。

- 图片尺寸要合适。尺寸过大的图片会使用户打开文案的速度变慢，也容易占用空间，影响用户的阅读体验；尺寸过小的图片会使文案展现得参差不齐，影响美观度。

5.1.4 微信视频号文案写作

在微信视频号发布视频时，可以在视频下方添加一段描述性的文案。微信视频号文案是对视频内容的阐述，需要在有限的字数内精确地传达信息，最好不要超过 3 行，越精练越好。

好的微信视频号文案应该能够引起用户的兴趣和好奇心，让他们愿意点击观看视频。可以通过设置悬念、提出问题等方式吸引用户的注意力，激发他们的好奇心和观看欲望。

有些热门视频的内容平平无奇，既没有有趣的剧情，也没有能吸引用户注意力的关注点，画面也未必精致，但因为配上了一段有吸引力的文案，反而能迅速抓住用户的眼球。有吸引力的文案如图 5-8 所示。

图 5-8 有吸引力的文案

在写作微信视频号文案时，建议做好以下几步。

（1）在文案中添加所在位置。在文案中添加所在位置后，视频会被推荐给相同位置的用户，这有可能带来一波新流量。

（2）在文案中以话题标签（即 "#话题"）的形式添加话题。微信视频号中的话题一般位于微信视频号页面下方的文案区，可以用来实现高效引流。在微信生态里，话题是微信视频号的一个重要入口，且权重很高。点击文案区的话题，即可直达该话题的视频聚合页。如果为自己的视频添加热门话题，就能起到导流的作用。在添加话题时，要注意下面的一些小技巧。

- 一个视频支持带多个话题。

- 话题中的内容可以带标点符号或空格，但不支持换行和带表情符号。

- 把话题添加在文案的开头更容易吸引用户点击。

- 一系列的视频可以添加统一的话题，方便用户查看历史内容。

（3）添加扩展链接。即使你没有开通微信公众号，也可以带上一篇优质的微信公众号文章的链接，为你喜欢的微信公众号带去流量。

5.2　微博文案写作

随着移动互联网的普及，微博已经成为人们获取资讯和沟通交流的重要平台，微博营销越来越重要，企业若想通过微博进行营销推广，首先要掌握微博文案的写作方法。微博文案可以分为短微博文案和长文章，下面将分别对其进行介绍。

课堂讨论

（1）你曾经关注过哪些知名微博博主？说说其发布的微博文案有哪些特点。

（2）短微博文案写作时要注意哪些内容？长文章的写作元素有哪些？

5.2.1　短微博文案写作

短微博文案是指在微博平台上发布的简短、精练的文字内容，通常用于快速传达信息、推广产品、分享观点或与用户互动。微博是一个资讯传播快、形式多样化的平台，人们习惯在该平台通过短篇幅的内容来快速传达或获取信息。因此，短微博文案控制在 140 字以内为宜。

短微博文案写作

!!!提示与技巧

新媒体文案写作人员在字数范围内提炼精华，用最为简洁有趣的语言把信息有效地传达给用户，用最短的时间吸引用户关注，从而促成转化。

撰写短微博文案时，可以运用以下技巧来增强文案的吸引力。

1. 包装成故事

新媒体文案写作人员可以将需要营销的产品包装成吸引用户的故事，采用对话描写和场景设置等方式，在展现故事情节和细节的同时推广产品。新媒体文案写作人员采用这种方法来写作短微博文案时需要注意以下几点。

（1）亲近性。几乎所有的用户都不喜欢直接的广告，因此新媒体文案写作人员要尽量通过较为日常与生活化的方式来进行描述，增加文案的生活气息，拉近文案与用户之间的距离。

（2）叙述角度。新媒体文案写作人员可以从人物的性格、生存环境等角度出发，抓住人物有特色的细节、语言特征，以人物细节为突破口，这样可以获得意想不到的效果。

（3）故事有真实的来源，保证可信。

（4）短小精悍，方便记忆。

（5）情节曲折，富有戏剧性。

（6）和品牌定位联系紧密。

2. 关联营销

关联营销就是品牌不仅为自己撰写宣传或推广文案，还与微博上的其他品牌合作，以生成一个话题。这样的关联微博文案发布之后，经常会引起用户的关注与兴趣。在图 5-9 中，格力电器通过"@"功能告知被关联的全友家居，以更好地与全友家居进行互动和联合营销，这就是典型的关联营销。

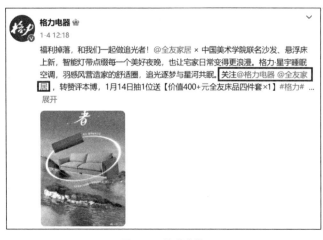

图 5-9　关联营销

新媒体文案写作人员在写作关联营销文案时，要注意关联对象与文案之间的匹配度，可以通过描述关联对象的特点进行联合，也可以通过修辞手法将某一事物的特点与另一事物关联起来，以达到意想不到的效果。但需注意，不同事物之间的联合一定不能强行进行，不同事物之间必须确实存在某些共同的特征，这样才能引起用户阅读的兴趣并博得用户的好感。

3. 话题营销

微博话题营销以微博作为营销平台，其中每一位用户都是潜在的营销对象。企业或个人利用微博话题营销文案向用户推广产品或服务，树立良好的品牌形象，和用户交流互动，从而达到营销推广的目的。

微博热门话题有着巨大的曝光量，利用热门话题是微博营销的重要手段之一。话题是微博营销中非常重要的一大利器，以成对的"#"和文字组成，如"#购房实用小技巧#""#随手拍北京蓝天#""#学英语的重要性#""#生活这一刻#"。"#"之间的关键词即为话题词。

!!! 提示与技巧

每个话题都有自己的专题页面，用户点击话题即可进入话题页面查看讨论内容。同时，专题页面也会自动收录用户发布的带有该话题词的相关微博。

康师傅的微博话题"#康师傅征招马拉松锦鲤#"引起了广大用户的兴趣，许多用户积极转发相关微博。马拉松让人们更加关注自己的健康问题，而其"接地气"的特点无疑又构成了这一话题的群众基础，推动该话题深入发酵。"#康师傅征招马拉松锦鲤#"话题营销如图 5-10 所示，康师傅通过用户的评论和转发获得了大量的流量。康师傅正是看中了微博平台，找准了用户的需求和痛点，通过话题营销文案给自己的品牌和产品做了很好的宣传。

图 5-10　"#康师傅征招马拉松锦鲤#"话题营销

4．疑难解答

疑难解答类文案即将与用户工作、生活息息相关的话题或用户普遍面临的问题、疑虑作为选题，并针对这些情况给出有效的处理办法。这类内容很容易引起用户的关注，只要办法行之有效，就可以得到用户的认可。

5．其他内容

上新预告、内容分享、第三方反馈等文案也是短微博文案常见的表现形式，其写法比较简单。例如，上新预告的内容直接说清楚上新的时间、购买方式及互动方式等即可。

5.2.2　长文章写作

新媒体文案写作人员不仅可以利用微博平台发布精简的短文案，还可以撰写字数较多的长文章。长文章即微博头条文章，是微博平台的一款长文产品，包含封面、标题、导语、正文等元素，如图 5-11 所示。

图 5-11　长文章

1. 封面

在微博长文章的编辑页面可看到，封面可上传大小在 20MB 以内的格式为 png、gif 和 jpg 的图片。封面是对微博长文章内容的简要说明和体现，有创意和视觉冲击力强的封面可以快速吸引用户关注，让用户的注意力暂时留在其上，并让用户产生进一步阅读的欲望。同时，封面也要体现出长文章的主题，不能出现与文字不符的情况，也不能为了吸引用户关注而故意设置得过于夸张。

2. 标题

微博长文章的标题应该尽量简练，最好能够快速引起用户的好奇心并激起他们的阅读欲望，将能够提供给用户的价值直接通过标题表达出来，让用户可以快速确定自己对这篇长文章的内容是否感兴趣。

3. 导语

微博长文章的导语是以简要的句子突出最重要、最富有个性特点的事实，提示文章主旨，吸引用户阅读全文的开头部分。其目的就是用最精练、简短的句子把全文最精彩的部分呈现出来。

写作导语时，新媒体文案写作人员可以充分运用不同的表现手法，如对比、想象、反衬等，使导语更加好懂、好记，从而使用户在对导语产生兴趣的基础上接受文章信息。

写作导语时可参考下面几点原则，以保证其对用户产生吸引力。

（1）导语必须简明扼要、短小精悍。导语写作的最佳语法结构是主谓宾结构，尽量不使用结构复杂的句子。导语一般不宜太长，微博长文章对导语的限制是不超过 44 字，注意不要超出其限制字数。

（2）导语的主要作用是引起用户的阅读兴趣，如果不写导语，那么就应该把文章的第一段当作导语来写。

（3）符合主题。导语是对文章正文的引导和抽象概括，它包含文章的主要思想，因此要与文章的主题一致，不能为了吸引用户关注而瞎编乱凑。

（4）导语必须创新，不能墨守成规、死守教条。导语部分必须视角独特，表达方式有新意。

!!! 提示与技巧

微博长文章导语属于选写内容，新媒体文案写作人员可根据实际需要选择写或不写。但导语很重要，新媒体文案写作人员需要不断学习写导语并进行实践，在前期可以多写，待掌握写作技巧并形成一定的风格后就能提高写作速度和增强展示效果。

---

4. 正文

长文章不同于短文案或图片，它通常需要用户花费更多的时间和精力去阅读，而使用户继续阅读的动力就是长文章较高的内容价值。新媒体文案写作人员需要针对用户的特点和喜好来进行选题策划和写作，这样才能激发用户阅读和讨论的热情，真正达到营销目的。

5.3　小红书文案写作

在小红书平台上，新媒体文案写作人员通过图文或视频的方式记录、分享自己的生活，并在这个过程中吸引用户，同时把这些用户转化为忠实用户，帮助自己实现变现。内容做得越好，吸引到的用户越多、越忠诚，新媒体文案写作人员实现变现的可能性也就越大。运营小红书账号的核心就是持续创作优质的产品笔记。

> **课堂讨论**
>
> （1）浏览小红书平台，分析小红书商品笔记的关键要素有哪些。
>
> （2）小红书商品笔记的发布技巧有哪些？

5.3.1　商品笔记的关键要素

小红书商品笔记的关键要素包括标题、正文、图片、话题和发布时间，如图 5-12 所示。

1．标题

对于小红书账号的新媒体文案写作人员来说，想要成功写出一篇"爆款"笔记，标题的重要性不言而喻。一个亮眼的标题不仅能够吸引用户的目光，促使用户点击笔记查看详情，还能获取平台流量。没有一个足够亮眼、吸睛的标题，就无法吸引用户点击笔记查看详情，即便内容质量高，笔记也难以收获高热度。以下是供新媒体文案写作人员参考借鉴的几种标题写作方式。

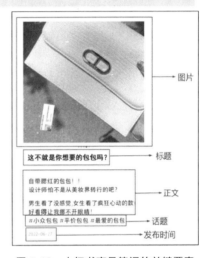

图 5-12　小红书商品笔记的关键要素

（1）击中用户痛点。

（2）引发用户情感共鸣。

（3）巧用疑问句、感叹句。

（4）巧用数字和表情。

（5）引入热点。

2．正文

对标题有所了解之后，下一步要学习如何创作出高质量的正文。好的笔记离不开好的正文，想要创作出优质的正文，新媒体文案写作人员可以从以下几个方面着手。

（1）确定好正文的整体框架。

（2）在内容排版上下功夫，确保整体看上去简约、美观。

（3）注意关键词的设置。

（4）介绍商品详情，描述可信、不夸大。

（5）分享核心卖点、利益点，突出差异性。

3. 图片

图片是商品笔记的点睛之笔，笔记中可以放置商品图、效果图、细节图等。图片可以让笔记变得生动，帮助用户理解笔记。要创作出优质的图片，新媒体文案写作人员应注意以下事项。

（1）一般使用 6～9 张图片，在保证内容显示量的同时，图片比例应为 3∶4 或 1∶1。

（2）用醒目的图片吸引眼球，突出展示用户关注的重点内容，强化商品效果。

（3）可以通过对比效果图给用户以视觉冲击，吸引用户的注意力，如商品使用前后对比效果图、健身/减肥前后对比效果图、穿衣风格对比效果图等。

（4）展示商品细节，提升转化率。

（5）小红书强调内容的原创性，非原创内容可能会出现侵权的情况，进而使账号受到惩罚，如封号等。

4. 话题

话题是小红书平台开发的一种内容创作功能。通过话题，用户能够根据自身需求精准定位感兴趣的内容，提高对商品的认知程度，因此这一功能对用户的购买行为具有较强的影响力。同时，新媒体文案写作人员借助话题发布笔记时，能够增强笔记的指向性及笔记被搜索到的可能性，从而达到增加阅读量、吸引更多用户的目的。话题不是越多越好，新媒体文案写作人员要结合笔记本身的内容定位，尽量精准匹配合适的话题，这样才能真正帮助笔记获得更多的流量。

5. 发布时间

观察同类商品高热度笔记的发布时间，寻找规律并记录下来。一般规律如下：在 8:00—10:00、12:00—13:00、17:30—19:00 和 20:00—22:30，平台用户的活跃度较高。新媒体文案写作人员可以选择在这些时间段发布笔记。

5.3.2 查找平台热点关键词

热点关键词能让用户更快地搜索到自己想要的内容，同时有助于新媒体文案写作人员定位笔记用户，将笔记更精准地推荐给用户。热点关键词和用户在搜索时用到的词的匹配度越高，笔记被搜索到的可能性就越大。优质的内容再辅以关键词布局，随着时间的推移，笔记收获高热度的概率很大。

查找平台热点关键词

热点关键词主要通过搜索结果页、搜索发现、笔记灵感、高热度笔记、评论区留言等途径找到。

（1）搜索结果页。在小红书搜索结果页会出现很多近期的热点关键词，新媒体文案写作人员可以根据需要提取热点关键词，将其运用到自己的笔记中。如果笔记内容是跟旅游有关的，那么可以在搜索栏中输入"旅游"，然后在搜索结果页中查看排名靠前的笔记内容的热点关键词，如图 5-13 所示。

（2）搜索发现。新媒体文案写作人员可通过小红书平台自带的"搜索发现"模块来获取热点关键词，了解小红书用户当前关注的内容，捕捉热点话题，如图 5-14 所示。

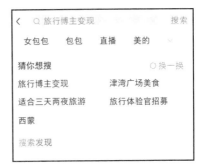

图 5-13　搜索结果页　　　　　　　　　图 5-14　"搜索发现"模块

（3）笔记灵感。登录小红书账号，点击"我"按钮，然后点击左上角的"☰"按钮，选择"创作者中心"选项，如图 5-15 所示；进入"创作者中心"界面找到"笔记灵感"，找到不同类目笔记的热点关键词，如图 5-16 所示；根据自己的账号定位选择合适的热点关键词，可能会获得免费流量。

（4）高热度笔记。在小红书通过查看高热度笔记也可以获取热点关键词，如图 5-17 所示。在发布笔记时加入相应热点关键词可提升笔记获取高热度的概率。

（5）评论区留言。关注笔记评论区用户留言，如图 5-18 所示，根据留言找到用户近期关注的热点话题，发布相关笔记吸引用户。

图 5-15　选择"创作者中心"选项　　　　图 5-16　通过"笔记灵感"获取热点关键词

图 5-17　通过查看高热度笔记获取热点关键词

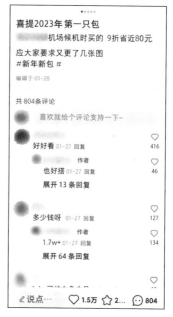

图 5-18　笔记评论区用户留言

5.4　社群推广文案写作

社群就是有着共同社交属性的一群人的集合，如一群人因相同的兴趣爱好、价值观等聚集在一起，成为一个群体。下面介绍社群推广文案的写作。

课堂讨论

（1）如果你是社群推广文案的写作人员，现在需要组织一场社群活动，你会准备哪些文案？

（2）社群推广文案的组成要素有哪些？

5.4.1　社群推广文案的形式

社群的推广需要在线上策划或开展各种活动，这是维持社群活跃度的有效方式，社群推广文案则以活动分享、话题交流等形式呈现，下面对其进行详细介绍。

1. 活动分享

活动分享是指分享者面向社群成员分享一些知识、心得、体会、感悟等。专业的分享通常需要邀请专业的分享者，当然也可以邀请社群中表现突出的成员，以提高其他社群成员的参与度和积极性。一般来说，社群成员在进行活动分享时需要提前做好相应准备。下面对准备工作进行介绍。

（1）确定分享内容。为了保证分享质量，在社群中进行分享之前，分享者应该对分享内容、分享流程、分享模式进行确定，还要确认分享内容对社群成员是否有帮助、有启发。

（2）提前通知。分享者在社群内提前通知分享信息，以保证更多社群成员参与。

（3）分享暖场。分享活动开始前最好由主持人进行暖场，从而营造良好的分享氛围，同时对分享内容和分享嘉宾进行适当介绍，引导社群成员做好倾听准备。

（4）分享控制。制定相关的分享规则约束社群成员的行为，如分享期间禁止随意聊天等。

（5）分享互动。设计与社群成员互动的环节，避免冷场。

（6）提供福利。设计一些提供福利的环节以提高社群成员的积极性，或吸引社群成员下一次继续参与。

（7）分享宣传。引导社群成员对分享情况进行宣传，同时总结分享内容，在各社交媒体平台进行分享传播，打造社群口碑，扩大社群的整体影响力。

2. 话题交流

话题交流是发动社群成员共同参与讨论的一种活动形式，由组织者先挑选一个有价值的主题，让社群的每一位成员都参与交流，并输出高质量的内容。与分享活动一样，话题交流也需要经过一定的组织和准备，下面具体进行介绍。

（1）预备讨论。对于话题交流来说，参与讨论的人、讨论的话题都是必须预先考虑好的，话题往往直接影响着交流效果。通常来说，简单的、方便讨论的、有热度的、有情境感的、与社群相关的话题更容易引起广泛的讨论。除了确认参与成员、话题类型，话题组织者、主持人、控场人员等也必不可少，大家要合理分配角色，及时沟通，保证进行话题交流时不出现意外事件，同时有秩序地进行恰当的交流。

（2）预告暖场。预告是为了告知社群成员活动的相关信息，如时间、人物、主题、流程等，以便邀请更多社群成员参与活动。暖场是为了保持社群成员参与活动的积极性，让活动在开场时有一种热烈的氛围。

（3）进行讨论。进行讨论的流程包括开场白、讨论、过程控制、其他互动和结尾等。

（4）结束讨论。在社群讨论活动结束后，主持人或组织者要对活动进行总结，将比较有价值的讨论内容整理出来，总结活动的经验和不足，并对讨论内容进行分享和传播，扩大社群影响力。

5.4.2　社群推广文案的组成要素

不管社群推广文案采用怎样的呈现形式，一篇优秀的社群推广文案通常具有以下4个要素。

（1）产品信息。企业在进行产品挑选和售卖时，要做到与社群成员精准对接，提供和社群成员属性匹配度高的产品，这样社群成员才有可能购买。而做到这些的前提必须是社群经过深度运营，已经有了良好发展。在推荐一款产品时，社群推广文案要包含适当的产品信息介绍，让社群成员了解详细的产品信息，以确认自己是否需要这样的产品。

（2）链接。为方便社群成员查看或进行相应的操作，社群推广文案中通常都会附带链接，这样也有利于提高转化率。

（3）二维码。社群推广文案中通常会有二维码，这让社群成员可以直接扫描二维码查看产品相关信息，十分方便。

（4）@所有社群成员。新媒体文案写作人员作为群主或者推广人员，准备在社群里发布某篇文案时，需要在社群里@所有社群成员，以保证他们都能看到这篇文案。否则这篇文案激起的浪花还来不及吸引更多的目光，就被社群成员的聊天记录覆盖了。但也要注意，不要在发布所有内容时都@所有社群成员，只有在发布有意义的、对他人有帮助的内容时才可选择@所有社群成员。

5.4.3　社群推广文案的写作技巧

对于一个新媒体文案写作人员来说，无论是活动的举办，还是社群的宣传、产品的变现，文案写作都是一切工作的重中之重。要想写出高质量的社群推广文案，新媒体文案写作人员还需要了解下面这些写作技巧。

1. 写好开头第一句话

不管社群推广文案的措辞多精彩，真正能影响社群成员的通常是文案的开头第一句话。写好社群推广文案的开头第一句话，能让社群成员迅速了解关键信息，也能确保在第一时间就精准筛选出社群成员。每一篇社群推广文案的诞生都有它的目的，所以整篇文案就要围绕这一目的展开，让社群成员立刻明白新媒体文案写作人员的意图。

2. 输出优质内容

内容是流量的入口，虽然有些社群中很多人都在发广告、卖货，但其转化率并不高。有些人天天在社群中发原创的内容，却无人问津，因为他们发布的都不是优质的内容。只有输出优质内容去吸引和筛选社群成员，才能让社群成员真正意识到该文案的价值。这样，围绕社群的商业变现模式才会更加丰富多样，企业获得的回报也会更多。

3. 关键信息要直白简单

关键信息直白简单能够保证社群成员对社群推广文案的理解不会产生偏差。新媒体文案写作人员在社群推广文案中使用生僻、专业的词语解释活动和产品信息，会让社群成员难以理解或不愿意去理解，从而失去深入了解的兴趣。所以，社群推广文案的关键信息最好用直白简单的语言表达。

4. 打造产品的感官形象

一款产品除了性能好之外，一定要给社群成员带来一些高级的感觉，也就是打造产品的感官形象。感官形象跟社群成员的心理感觉密切相关，如优越感、专属感、亲切感、尊重感、表达感等。

5. 产品背书

社群成员在购买某款产品前，最大的顾虑常常就是不知道这款产品是不是真的好，这就是信任顾虑。那么企业该如何解决这一问题呢？大部分企业会想到用数据背书、口碑背书、标准背书、线下背书、权威背书等方式来为产品进行信任背书。

（1）数据背书。这里要特别注意的是，使用阿拉伯数字比使用汉字数字达到的效果更好。

（2）口碑背书。口碑背书更多是为了增强说服力，让社群成员更加信任和认可产品，从而增加销售转化机会。

（3）标准背书。如果企业自己是标准的制定者，哪怕这个标准是社群成员都没有听说过的，也会让他们产生比较强的信任感。

（4）线下背书。如果企业提供了1000家实体店的照片或视频，许多社群成员对产品的信任感会显著增强。

（5）权威背书。权威有一种天然的让人自愿服从的能力，能在不同程度上增强产品的说服力。权威一般包括权威专家、权威媒体和权威机构。社群成员大多会认为权威专家是专业且挑剔的，如果所在领域的权威专家都评价产品好，那么社群成员便会觉得跟着权威专家购买准没错。

5.5　今日头条文案写作

越来越多的企业和个人开始在今日头条营销。今日头条因为有庞大的用户群体，加上智能推荐引擎，能够精准找到用户，无须求关注、求订阅也能拥有海量用户，受到广大营销人员的喜爱。而文案是否能够引起用户的注意，是否能够打动用户，是今日头条营销推广效果的决定性因素。

> **课堂讨论**
> 登录今日头条 App，分析今日头条中的文案标题是如何拟定的。

5.5.1　今日头条文案标题的拟定技巧

今日头条文案的标题与其他文案的标题类似，拟定方法可以参考第 2 章中文案标题拟定的相关内容。另外，在今日头条的推荐机制中，关键词扮演着重要的角色。系统会根据用户的兴趣和行为，匹配相应的关键词。因此，为使文案被精准推荐，新媒体文案写作人员需要围绕关键词进行标题拟定。

1. 选择关键词

关键词是标题中能够被搜索引擎识别并赋予高权重的词语。它们在标题中的位置、数量，以及与标题其他部分的组合方式，都会影响搜索引擎对文案的理解。新媒体文案写作人员可以从产品、用户和热词等不同的角度选择标题中要插入的关键词。

（1）从产品角度选择。新媒体文案写作人员应根据产品选取具体表示产品类目、名称等的关键词，以带来更精准的流量，如"面霜""雪地靴""时尚"等。这些关键词直接与产品相关，能够帮助搜索引擎理解文案的标题。

（2）从用户角度选择。新媒体文案写作人员需要考虑用户的需求，即考虑用户在搜索或了解文案相关内容时，会搜索哪些关键词，越精准越好。例如，"适合所有肤质的环保洗面奶"这样的标题就突出了产品的适用性，同时也能吸引对环保和护肤感兴趣的用户。

（3）从热词角度选择。热词是搜索引擎根据大数据分析得出的热门词语，它们通常代表了当前的热议话题或趋势，具有极大的流量潜力。在选择热词时，要注意其与企业的产品或服务的相关性，避免过度依赖热词而忽视了内容本身的质量。

在选择关键词时，新媒体文案写作人员可以利用一些关键词挖掘工具，如站长工具、百度指数、巨量算数等。其中，巨量算数是巨量引擎旗下的工具，其以今日头条、抖音等为依托。使用巨量算数挖掘关键词，更容易挖掘出热门的、精准度高的关键词。

2. 组合关键词

确定标题中要加入的关键词后，新媒体文案写作人员还可以将关键词与其他词组合，以拓展关键词。关键词组合方式多样，可灵活选择，具体如下。

（1）地域+关键词，如"云南米线"。

（2）关键词+促销信息，如"四件套 7 折优惠"。

（3）产品特性+关键词，如"超薄笔记本电脑"。

（4）应用场景+关键词，如"办公室植物"。

（5）品牌+关键词，如"郁美净婴儿倍润特护霜"。

（6）关键词+表疑问的前后缀，如"眼霜怎么选？"。

组合好关键词后，新媒体文案写作人员就可以运用第 2 章所讲的标题拟定技巧来拟定今日头条文案的标题了。例如，某护肤品品牌的新媒体文案写作人员确定在标题中加入"润肤霜"关键词，就可以围绕产品和关键词，拟定以下标题。

使用符号：什么？这款润肤霜这么好用！

结合数字：月销量达 5000 瓶的润肤霜居然是它……

借助名人效应：××（名人）都在用的润肤霜，你还在等什么？

5.5.2 今日头条文案正文的写作策略

今日头条文案正文
的写作策略

新媒体文案写作人员只有做好以下这些方面，才能让今日头条文案更具吸引力和可读性，进而吸引更多的用户点击和阅读。

1. 覆盖目标受众

在今日头条上，一篇文案发布后，会经历内容审核（判断文案是否合规）、冷启动（把文案首次推荐给最可能感兴趣的受众）、正常推荐（系统根据第一批受众的相关数据把文案推荐给可能感兴趣的受众）、复审（判断应停止推荐还是继续推荐）4 个环节。文案在首次被推荐后，如果点击率较低，系统会判定该文案不适合推荐给更多的用户，会减少二次推荐量；如果点击率较高，系统则判定该文案受欢迎，将进一步增加推荐量。以此类推，文案这一次的推荐量都以上一次推荐的点击率为依据。此外，文案过了时效期后，推荐量将明显衰减，时效期节点通常为 24 小时、72 小时和 1 周。

由此可见，今日头条文案必须要与目标受众的需求联系起来，尽可能地覆盖目标受众，以增加阅读量。否则，即使该文案被推荐了，但由于对该文案感兴趣的受众太少，点击量和阅读量仍旧会非常低，进而文案的推荐量会减少。

2．专注于一个领域

无论在哪个平台，用户都喜欢专业性强的新媒体文案写作人员，愿意关注那些在特定领域内拥有深厚知识和丰富经验的创作者，这就是专注的力量。只有专注于一个领域，新媒体文案写作人员才能集中展现自己的优势，才能够更深入地了解这个领域，更准确地把握用户的需求，从而创作出更符合用户心理的文案，被更多的用户喜欢和关注。

3．内容原创

原创内容是由新媒体文案写作人员自行创作的作品，且他们对作品拥有著作权。这些作品不仅包含了新媒体文案写作人员的个人风格和思考，也展示了他们独特的创作才华。今日头条的原创内容不仅丰富了用户的信息来源，也提供了多元化的视角和思考，进一步推动了内容创新。

今日头条文案发布后，平台首先会通过全网搜索引擎审核该文案的原创度和健康度，以及该文案是否存在恶意营销等情况。原创度达到 60% 以上时，文案才会被平台推荐，因此，新媒体文案写作人员要尽量原创文案。在发布文案时，新媒体文案写作人员也可以申请开通原创功能，增加文案被推荐的概率。

原创权益是今日头条给作者的重要权益之一。为保证自身的合法权益、提升用户的阅读体验、打造健康有序的内容生态平台，每位新媒体文案写作人员在发布文案前都应仔细阅读并严格遵守文章原创规则。今日头条期待新媒体文案写作人员能够持续创作更多优质的原创内容。

在今日头条开通原创功能的具体方法是：在 PC 端头条号后台"成长指南"→"创作权益"→"文章原创"中，单击"申请开通"按钮，如图 5-19 所示。

图 5-19　在 PC 端头条号后台申请开通原创功能

4．包含关键词

在撰写今日头条文案时，应该使用合适的关键词，以提高文案的搜索排名和曝光率。关键词应该与文案主题相关，同时也要考虑用户的搜索习惯和需求。要让文案更容易被平台推荐，新媒体文案写作人员可以根据需要在正文中增加关键词。一般来说，今日头条主要通过以下两种判断因素识别文案的类型和所属领域。

（1）高频词。高频词即出现频率比较高、与文案主题相关的词语。例如，一篇时尚类的今日头条文案主要介绍夏季服装搭配，那么正文中出现的高频词可能是 T 恤、短裤、连衣裙、衬衣等。

（2）低频词。此处的低频词针对的是一类文案，而非一篇文案。今日头条中有很多类型相似的文案，这些文案中有一些相似性质的词语，这些词语不容易被平台作为关键词提取。但如果使用一些有差异性的低频词来展示产品的个性或风格，这些词语就容易被平台作为关键词进行标记。

在写作今日头条文案时，新媒体文案写作人员要尽量多提炼让平台更容易识别和判断的关键词。平台判定出关键词后，会将这些关键词与今日头条文案的分类模型中的关键词模板进行对比，如果二者吻合度较高，平台就会为今日头条文案添加对应类型的标签。

例如，当今日头条的一篇文案中出现"眼霜"这一关键词时，平台就会根据这一线索，提取出与之相关的其他关键词，如"卸妆""清洁""爽肤水""护肤""保养""化妆品"等，从而为这篇文案打上多个标签。平台由此完成对该文案的初步分类和认知，并将其推荐给经常关注"护肤""保养""化妆品"等内容的用户。

5.6 短视频与直播文案写作

对于短视频与直播来说，视频拍摄技巧很重要，而文案更是重中之重。文案是吸引用户点击的最直观的部分，优质的文案使用户具有较强的点击欲望。下面介绍短视频与直播文案写作的知识。

> **课堂讨论**
>
> （1）登录抖音短视频平台，分析热门的短视频文案是如何写作的。
> （2）直播文案有哪些类型？

5.6.1 短视频文案写作

优秀的短视频文案能够与用户建立连接，引起用户的共鸣，进而为短视频账号带来流量。那么，一则成功的短视频文案应具备哪些关键要素呢？下面对短视频文案各组成部分进行详细介绍。

1. 标题

短视频文案标题的拟定与其他文案标题的拟定有异曲同工之处，除可以参考第 2 章文案标题的拟定外，短视频文案标题的拟定还应注意以下几点。

（1）简短明了。对于短视频来说，文案标题应简短明了，吸引眼球，一般控制在 15～20 字。

（2）使用标准的格式。短视频文案标题是有标准格式的，例如，数字应该写成阿拉伯数字，图 5-20 所示的短视频文案标题中使用的就是阿拉伯数字。除此之外，新媒体文案写作人员在写作时尽量用中文表达，减少外语的使用等，从而方便用户阅读。

（3）合理断句。新媒体文案写作人员应对短视频文案标题进行合理断句，让标题在短短十几个字内吸引用户，同时清晰传达短视频主题内容。

（4）考虑推荐机制的影响。新媒体文案写作人员在写作短视频文案标题时要考虑推荐机制的影响，尽量避免短视频文案标题中出现系统不能识别的词语，从而避免短视频的推荐量降低。

2. 简介

短视频简介的作用主要是吸引用户，帮助用户理解短视频主题和内容。新媒体文案写作人员可以从以下几个方面来写作短视频简介。

（1）介绍短视频。新媒体文案写作人员可以在简介中告诉用户短视频的主题和主要内容等，图 5-21 所示的短视频简介即在介绍主要内容。

（2）引导用户。对于短视频来说，点赞量和播放量是非常重要的数据，因此新媒体文案写作人员可以在简介中引导用户做出某种动作，如"请大家动动手指，为我点赞""点赞+关注，更多有趣内容等着你"等。

（3）设置悬念。悬念可以很好地引起用户的好奇心，新媒体文案写作人员在简介中设置悬念可以吸引用户点击观看短视频。图 5-22 所示的短视频就在简介中用提问的形式设置悬念。

图 5-20　在短视频文案标题中
使用阿拉伯数字

图 5-21　短视频简介

图 5-22　在短视频简介中用提问的
形式设置悬念

3. 脚本

脚本是用于短视频创作的文本依据，它详细描述了短视频中的场景、角色、对白、动作及背景音乐等元素。脚本的写作思路一般包括确定短视频主题、规划内容框架和填充内容细节 3 个部分。

（1）确定短视频主题。在创作短视频之前，通过脚本确定短视频的主题能保证整个创作过程都围绕主题展开，并为主题服务。例如，穿搭类短视频的主题可以为连衣裙搭配、职场通勤着装，美妆类短视频的主题可以为化妆品推荐、仿妆教程分享。

（2）规划内容框架。确定短视频主题之后，就需要规划内容框架了。通过规划内容框架，提前统筹安排好短视频拍摄中每一个成员要做的工作，并为后续的拍摄、制作等工作提供流程指导。规划内容框架时，需要想好通过什么样的内容细节及表现方式来展现短视频主题，包括人物、地点、事件及转折点等。例如，要拍摄男主角向女主角求婚的短视频，规划的内容框架应该包含以下内容。

- 人物：男女主角和双方朋友等。
- 地点：电影院。
- 事件：男主角约了女主角看电影却没赴约，女主角很不开心，独自去看电影，本以为电影会自然开场，结果屏幕上出现了自己的照片，接着，男主角抱着花出现在她面前……

（3）填充内容细节。在规划好内容框架之后，需要填充更多的内容细节。例如，男主角向女主角求婚这一内容可以进一步细化。

- 在男主角未赴约而被女主角打电话质问时，男主角的心理活动。
- 当男主角没有赴约时，女主角为何会独自去看电影。
- 当男主角出现在女主角面前时，展现女主角情绪变化的细节非常重要，这可以使内容更饱满。

填充内容细节是脚本写作中比较困难的部分，需要新媒体文案写作人员多花心思去打磨。

4. 字幕

在当今时代，字幕已经成为短视频文案的重要组成部分。字幕不仅包括人物的台词、旁白，还包括后期制作时添加的文字。它不仅有助于传递信息，还能表达某种情绪、观点和立场，并预示下一步行动，同时传达某种价值观。那么，新媒体文案写作人员在写作台词、旁白等字幕时，如何做到既有趣又有效地传递信息呢？以下是新媒体文案写作人员需要注意的 4 个要点。

（1）贴近人物。台词、旁白等可以为短视频角色构建立体化的形象，给用户留下深刻的印象。因此，台词、旁白等都应当符合短视频角色的形象。

（2）清晰明确。字幕的主要作用之一就是传递信息。字幕无论出现在何时、何地，都应清晰明确地传达内容。这是吸引用户注意力和让用户理解的关键。

（3）通俗易懂。新媒体文案写作人员在写作台词、旁白等时应当做到通俗易懂，让用户一看就能明白，不要使用过于专业和晦涩的文字。

（4）引导行动。字幕还可以用来引导用户采取某种行动或预示下一步行动。通过明确的指示或预告，字幕可以激发用户的兴趣并鼓励他们参与互动。例如，在短视频结尾处添加一行号召性的字幕，可以鼓励用户采取相应行动。

5.6.2　直播文案写作

直播文案写作主要包括直播预热文案、直播脚本等的写作，下面分别进行讲解。

1. 直播预热文案写作

好的直播预热文案能起到画龙点睛的作用，戳中用户的痛点，引起他们的好奇心。下面介绍直播预热文案写作的技巧。

（1）标题吸睛。直播预热文案的标题是吸引用户进入直播间的关键因素。直播预热文案的标题字数需要控制在 12 个字以内，标题应包含产品的核心卖点或具体的内容亮点，目的是第一时间让用户对直播内容产生兴趣。

（2）内容简介精练。内容简介是对标题的解释或对直播内容的概括，应控制在 140字以内。内容简介要简洁、不拖沓，可以介绍直播嘉宾、粉丝福利、特色场景、主打产品故事等内容。新媒体文案写作人员要从能够吸引用户的角度来撰写内容简介。

（3）设置悬念。一场直播一般持续几个小时，所有的内容依靠直播预热文案是介绍不完的。所以，新媒体文案写作人员要学会设置悬念，"说一半，藏一半"。

（4）打造直播场景。用户可能无法直接从文字上感受到直播的价值，这时新媒体文案写作人员可以在文案中用图片打造与直播主题相关的场景来吸引他们。

（5）转发抽奖说明。直播预热文案包括直播时间、直播内容及转发抽奖说明等，如图 5-23 所示。直播时间和直播内容都是直播预热文案的必备项，但直播预热文案要重点说明，完成"关注+转评赞"或"转发评论"的用户有机会通过抽奖获得红包、大额抵用券等。直播预热文案利用抽奖引导用户转发及评论，扩大传播范围，这样才会有更多的用户看到文案并进入直播间。

图 5-23　直播预热文案

素养课堂

网络主播逃税被罚

2023 年 2 月 14 日，西安市税务部门公布了两起网络主播偷逃税案件。其中一名网络主播未依法对直播收入进行个人所得税申报，少缴个人所得税税款 9.81 万元，其中偷税 9.26 万元。相关部门对其依法追缴税款，加收滞纳金并处罚款共计 17.67 万元。

当今，网络直播节目大量涌现，但网络主播队伍素质参差不齐，成为网络主播的门槛低，部分网络主播法律意识淡薄。为加强对网络直播营利行为的规范性引导，鼓励支持网络直播依法合规经营，2022 年 3 月 25 日，国家互联网信息办公室、国家税务总局、国家市场监督管理总局印发《关于进一步规范网络直播营利行为促进行业健康发展的意见》，明确网络直播发布者要规范纳税、依法享受税收优惠。2022 年 6 月 8 日，国家广播电视总局、文化和旅游部印发了《网络主播行为规范》，明确网络主播应当如实申报收入，依法履行纳税义务，这再次为网络主播敲响依法纳税的警钟。

依法纳税是每个公民应尽的义务，网络直播行业不是法外之地，网络主播应该自觉缴纳税款。不只是头部主播，每一名取得收入、符合纳税标准的网络主播都应自觉依法纳税。

2. 直播脚本写作

直播脚本就是直播的剧本，它以一篇稿件为基础，形成直播的工作框架，规范并引导直播有序地推进。直播脚本可以帮助主播把控直播的节奏，规范直播的流程，达到预期的目标，让直播效益最大化。

直播脚本一般以一场完整的直播为单位，或以单品解说为单位。一般来说，整场直播脚本应强调流程、时间、工作配合、技术指导等；单品直播脚本应侧重于突出产品卖点，强调与用户利益的结合点，以及如何在直播中以体验的方式证明产品的真实性、优惠力度等。

单品直播脚本是围绕单款产品设计的直播脚本，其核心是突出产品卖点。一场直播通常会向用户推荐多款产品，主播只有对每款产品的特点和应采用的营销手段有清晰的了解，才能更好地将产品的亮点和优惠信息传达给用户，激发用户的购买欲望。因此，为了帮助主播明确每款产品的特点，熟知对每款产品应采用的营销手段，新媒体文案写作人员可为直播中的每款产品都准备一个单品直播脚本。

新媒体文案写作人员可以将单品直播脚本设计成表格形式，其主要包括品牌介绍、产品卖点、直播利益点等内容。这样既便于主播全方位地了解直播产品，也能有效地避免相关人员在对接过程中产生疑惑。表 5-1 所示为某品牌一款电饭锅的单品直播脚本。

表 5-1　某品牌一款电饭锅的单品直播脚本

项目	宣传点	具体内容
品牌介绍	品牌理念	强调电饭锅的品牌、品质，企业创始人创办企业的动机、经历、精神，产品开发的历程，等等
产品卖点	产品基本属性	突出电饭锅的产地、价格、颜色、型号、大小、用途、材料、工艺、文化内涵、包装等
直播利益点	产品促销信息，强调性价比	①开场满送（开播前为了积聚人气，设定直播间人数到一定数量抽奖） ②整点抽奖（每到整点截屏抽奖，让用户持续关注） ③优惠券促销（在直播间氛围不佳时进行，可有效增加人气） ④问答抽奖（在直播间提出问题，用户答对即可参与抽奖）

本章实训

策划撰写单品直播脚本

为了更好地理解单品直播脚本，掌握撰写单品直播脚本的方法，下面通过实训进行练习。

【实训要求】

撰写一个单品直播脚本，包括直播主题、直播时间节点、开场介绍、直播互动、产品讲解、拼团与特价购活动等。

【实训内容】

直播全程 30 分钟，各时间段都应有详尽的内容，示例如表 5-2 所示。

表 5-2　单品直播脚本的时间段设置及其内容示例

时间段	内容
0～5 分钟	拉近与用户的距离，对产品的产地、历史、口碑、销量等内容进行介绍，以吸引眼球，但先不用说具体的产品，以引起用户的好奇心和聚集用户。这个时间段应该先预热，如果一开始就卖货，效果反而不好
6～7 分钟	这个时间段应该宣布一些重大的福利，如抽奖活动、整点发红包等，而且要在整个直播过程当中见缝插针地给用户反复讲这些福利
8～12 分钟	这个时间段开始强调产品的一些功能属性，尤其要向用户分享产品案例。产品案例可以通过图片的形式呈现，主播也可以把用过产品的用户请到直播间来给大家讲解。这个时间段基本上是通过反复送福利加上分享产品案例来留住用户
13～16 分钟	这个时间段要列出产品的一些证书，用这些资料说服用户，把产品的差异化优势描述出来
17～27 分钟	这个时间段一定要强调产品的性价比及产品独特的优势
28～30 分钟	这个时间段利用拼团与特价购等活动，将整个直播的气氛推向高潮

思考与练习

一、填空题

（1）常见的微信文案表现形式包括_____、_____和_____。

（2）微博文案可以分为_____和_____。

（3）_____是以简要的句子突出最重要、最富有个性特点的事实，提示文章主旨，吸引用户阅读全文的开头部分。

（4）小红书商品笔记的关键要素包括_____、_____、_____、_____和_____。

二、选择题

（1）（　　）即微信公众号文案封面缩略图下面的一段引导性文字。

    A．摘要　　　　　　B．正文配图　　　　C．标题　　　　　　D．正文

（2）在微信视频号文案中添加（　　）后，视频会被推荐给相同位置的用户，这有可能带来一波新流量。

    A．话题　　　　　　B．所在位置　　　　C．扩展链接　　　　D．关联热点

（3）下列选项中，（　　）不是社群推广文案的组成要素。

    A．产品信息　　　　B．链接　　　　　　C．产品背书　　　　D．二维码

（4）下列选项中，（　　）不是短视频文案的组成部分。

    A．标题　　　　　　B．简介　　　　　　C．字幕　　　　　　D．话题

三、思考题

（1）微信平台上的新媒体文案具有哪些特点？

（2）短微博文案的写作技巧有哪些？

（3）如何在小红书上查找热点关键词？

（4）社群推广文案的写作技巧有哪些？

第6章
不同种类的新媒体文案写作

随着互联网的发展，很多企业销售产品的方式从线下转到了线上，推广产品的方式也从传统媒体转为新媒体，而这种改变也影响了文案的写作。企业在对产品或品牌进行营销推广时，为了吸引用户的注意力，通常会针对产品或品牌写作相应的产品文案、品牌文案、海报文案、软文，以及 H5 文案、AIGC 文案。本章将对以上几种文案的写作方法进行介绍，以帮助新媒体文案写作人员更好地掌握不同种类的新媒体文案的写作方法。

知识目标

☑掌握产品文案的写作。

☑掌握品牌文案的写作。

☑掌握海报文案的写作。

☑掌握软文的写作。

☑掌握 H5 文案的写作。

☑掌握 AIGC 文案的写作。

—— 引导案例 　华为：总有那么一扇门，在等你回家 ——

华为 2016 年的春节宣传片《总有那么一扇门，在等你回家》，讲述了一个在外打工的男人因工作繁忙总是无法回家的故事。"我好像一直都很忙，忙得忽略了很多事情。平时忙，自然就很少回家。一年到头，也就是过年才回去几天。……每次回去都有两种不同的心情，一种是期盼，另一种是自责。"

春节将近，不能忘了老家的父母，于是他毅然决然地放下工作，驱车行驶千里，直奔老家。当站在家门口看见和小时候一模一样的家门时，他思绪万千。

"以前我好像从来没有关注过我家的门，因为在我的印象里，它总是开着的。后来离家求学、毕业，工作也越来越忙，回家的次数也越来越少，唯一的陪伴也只剩下了手机，从那时候开始，那扇门也渐渐地关上了。"

"站在同样的门前，十几年的时间就这样过去了，我长大了，他们也老了。他们每天互相搀扶着的生活，再也没有我的身影。"

"他们只能用一个盼望填满另一个盼望，用沟通打开心里那扇看不见的门。让爱真正回家，总有那么一扇门，在等你回家。"

案例中，每句话都能够调动人们的情感，在外打拼的艰辛、无法陪伴父母的愧疚，一幅幅画面在脑海中被勾勒出来，怎能不给人留下深刻的印象？

广告中的主人公就是大多数人的真实写照。也许在很多人看来，春节时，在百忙之中回家是一个千年不变的话题，但这正是每一个在外的游子的渴望。文案通过"门"这一意象表现"让爱真正回家"的主题，传递了华为的品牌温度，使华为不再只是冷冰冰的科技产品。

这是一个源自真实故事的文案案例，用朴实的语言，寥寥几句就勾勒出一个充满情感的场景，从而使用户产生代入感。

思考与讨论

（1）华为是如何写好春节宣传片文案的？

（2）假如你在一家主要经营智能手机的企业工作，你该如何写好手机产品文案？

6.1 产品文案写作

好的产品文案不仅能展示产品的特点和优势，还能激发用户的购买欲望，进而促进产品的销售转化。下面将从产品文案组成部分、产品核心卖点的提炼方法、产品文案的写作技巧3个方面对产品文案的写作进行讲解。

课堂讨论

（1）你在购物前会看产品文案吗？你会关注产品文案中的哪些内容？

（2）你为什么会关注这些内容？这些内容有哪些吸引你的地方？

6.1.1 产品文案的组成部分

产品文案是一种比较常见的文案形式，一般来说，产品文案需要全面展示产品的相关信息，如产品全貌、产品基本属性、产品细节、产品资质证书、产品卖点、产品优惠信息和其他信息等。

产品文案的组成
部分

1. 产品全貌

产品文案中必须包括产品全貌，以便用户对产品形成整体的观感，从而加深对产品的了解。只展示产品部分信息的产品文案是不可取的，此类产品文案不仅会让用户产生顾虑，还容易产生退换货纠纷，且容易影响用户对产品的评价。某品牌发布的产品文案就展示了产品全貌，如图 6-1 所示。

2．产品基本属性

产品基本属性包括品牌、材质、颜色、重量、尺寸等，如图 6-2 所示。优良的产品品质可以激发用户的购买欲望并增加用户的访问深度，最终提高产品转化率。

品牌：原素春天	闭合方式：前系带
图案：纯色	尺码：35,36,37,38,39,40
流行元素：防水台	后跟高：中跟(3～5cm)
靴款品名：瘦瘦靴	颜色分类：白色单里,黑色...
上市年份/季节：2023年秋季	鞋头款式：圆头
跟底款式：粗跟	鞋底材质：橡胶
适用对象：18～40周岁	皮质特征：修面皮
鞋垫材质：PU	帮面材质：PU
靴筒内里材质：人造短毛绒	毛重：1kg

图 6-1　产品全貌　　　　　　图 6-2　产品基本属性

3．产品细节

产品细节常以图片展现，有些对细节讲究的用户只看到产品的整体外观很难放心，而展示产品细节能让这类用户对产品的品质更加放心。所以，为了提高产品的成交率，在产品文案中，产品细节图一定不能少。例如，在某灯具的产品文案中加入产品细节图，如"铁艺烤漆灯体""透光亚克力灯罩"等，就能够使用户更信任产品品质，如图 6-3 所示。

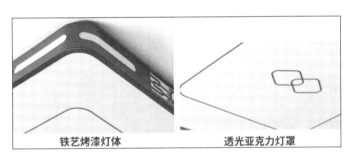

铁艺烤漆灯体　　　　　　透光亚克力灯罩

图 6-3　产品细节

4．产品资质证书

新媒体文案写作人员在产品文案中添加产品资质证书，可以让用户感觉到产品质量有保证。产品资质证书的添加、品牌实力的展示、防伪查询方式的展示等都是打消用户疑虑的有效方式。如果是功能性的产品，需要展示能够证明其技术实力的资料。如果所售的产品在电视、报纸等新闻媒体上曾有报道，那么收集这些资料展示给用户也是一种很好的方式。

例如，销售珠宝首饰、数码电子产品的文案都会提供产品的品质证明文件和防伪查询方式。这既从企业的角度证明了产品的品质，又让用户可以自己查询所购买产品的真伪，打消了用户对产品品质的疑虑。

5. 产品卖点

产品卖点可以先通过一段精练的文字形成主打广告语，再通过产品文案来进行具体展示。新媒体文案写作人员可以找到自己产品与用户需求相匹配的其他同类产品没有的独家卖点，并加以强调。很多产品卖点是需要挖掘的，每个产品卖点都是能对用户产生说服力的砝码。产品能够吸引用户的卖点越多，企业就越容易取得成功。图 6-4 所示为产品卖点，鲁花以"5S 压榨"为卖点申请各类商标，有了商标保护，这一卖点就成了独家卖点。

6. 产品优惠信息

很多用户追求实惠，重视产品的性价比。因此，为吸引用户的注意力，产品的打折促销、满减、满赠等优惠信息也需展示在产品文案中，如购买礼服赠送礼盒、买三免一、满 100 元包邮、满 199 元减 50 元等。图 6-5 所示的某品牌的产品文案就展示了产品优惠信息。

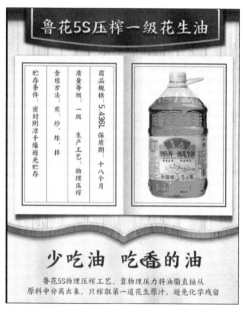

图 6-4　产品卖点

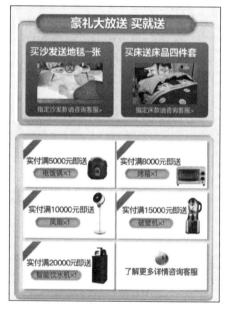

图 6-5　产品优惠信息

7. 其他信息

不同类型的产品文案向用户展示的信息是不同的。除了以上信息，产品文案中还可能包括辨别真伪的方法、产品使用方法、售后服务、附赠服务、使用反馈等。

6.1.2　产品核心卖点的提炼方法

在对产品文案的具体内容进行填充时，新媒体文案写作人员需要先提炼产品的核心卖点，在此基础上才能更好地展示产品特点，促使用户购买产品。在产品同质化的情况下，新媒体文案写作人员如何提炼产品核心卖点，才能达到提高销量的效果呢？

产品核心卖点的提炼方法如下。

1. 查找产品资料

新媒体文案写作人员要提炼产品核心卖点，首先要查找产品的相关资料，从中找出那些与众不同的卖点。

2. 整理与产品相关的用户需求

新媒体文案写作人员必须了解和研究用户，收集用户现在关心什么、到底有什么重要的需求等信息，根据用户的需求来创作产品文案。新媒体文案写作人员只有知道用户真正的需求，并据此进行产品文案创作，才能促使产品最终成功销售。

3. 对比分析同类产品

新媒体文案写作人员可以找到相同或相似的产品，通过对它们进行比较来找出核心的差异化卖点。差异化卖点是指自己的产品与同类产品不同的地方，可以是自己的产品具备而竞争对手的产品不具备的特点，也可以是同类产品具备但从未被提到过的特点。

4. 归纳和表述产品核心卖点

新媒体文案写作人员提炼出产品核心卖点后，还需要进行分析，并选择合适的方式进行表述，具体步骤如下。

（1）借助电商网站分析同类产品。新媒体文案写作人员通过主要的电商网站可以搜索关键词并找出同类产品，然后筛选出款式、价格相近的产品，按销量和人气排名找出多款产品后，再从这些筛选出的产品中通过主图、描述、用户评价等找出该类产品的现有卖点。

（2）分析目标用户的特点。不同类型的用户有不同的爱好及消费观念，那么产品核心卖点的提炼也要根据目标用户的特点来进行。

（3）分析产品自身的特点和优势。撰写文案前，新媒体文案写作人员需要了解该产品的特点和优势，分析其与前面两个步骤中收集到的信息在哪些方面是重合的，并把这些特点和优势都罗列出来。

（4）筛选符合规则的产品核心卖点。这里的规则主要是指产品的差异化、用户需求与心理、产品优势与店铺定位等。

（5）选择产品核心卖点的表述方式。确定了产品核心卖点后，新媒体文案写作人员可以通过主图、标题、描述、用户评价来突出产品核心卖点。

6.1.3　产品文案的写作技巧

新媒体文案写作人员只把图片和卖点展示出来，不一定能够吸引用户并激发其购买欲望，还要撰写一则优秀的产品文案，此时需要运用一些写作技巧。

产品文案的写作技巧

1. 抓住用户痛点

新媒体文案写作人员可以设身处地地从用户的角度来寻找痛点，思考用户必须购买这款产品的理由，以用户的痛点塑造产品的卖点，增强用户的认同感并激发他们的购买欲望。例如，母婴用品的痛点就是安全和环保问题等。

2. 图片清晰、美观

图片是一种视觉表现能力很强的表达形式，在产品文案中使用图片可以更加清晰、明确地将产品特点展示出来。想要让图片吸引用户，刺激用户的购买欲望，新媒体文案写作人员就要保证产品图片清晰。清晰的产品图片不仅能体现产品的细节和各种相关的信息，还能极大地增强产品的视觉冲击力。模糊的产品图片只会降低用户的体验感和购买欲望，甚至有些用户还会觉得产品图片是盗用的，从而对产品失去信心。图6-6所示为清晰的产品图片。

除此之外，图片还要美观。很多新媒体文案写作人员想要突出自己的产品优势和特点，会选择在产品图片上加一些体现产品功能的文字。新媒体文案写作人员在添加这些文字的时候，一定要选择最重要的产品功能进行体现，不要把所有的产品功能都体现在图片上，否则会造成图片混乱、缺乏美感，甚至本末倒置。图6-7所示为美观的产品图片。

图6-6　清晰的产品图片

图6-7　美观的产品图片

3. 从用户的视角撰写

新媒体文案写作人员要从用户的视角撰写产品文案，使用用户认同的语气、用户喜好的颜色等。新媒体文案写作人员与用户的心理距离越近，就越有可能撰写出成功的产品文案。

图6-8所示为从用户的视角撰写的产品文案。童鞋的主要用户群体是小孩，所以设计的重点在于小孩适合穿什么样的鞋子，以此来确定设计理念。

4. 利用对比

产品质量、材质和服务等都可以作为对比的对象。新媒体文案写作人员应该对可能引起用户关注的问题进行对比，从侧面突出自身产品的优点。例如，食品类产品可从产地、包装、密封性、新鲜程度、加工、储存等方面进行对比；服装类产品可从做工、面料、厚薄、质地等方面进行对比。

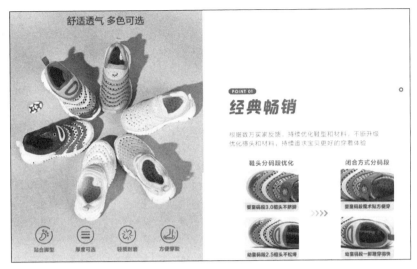

图 6-8　从用户的视角撰写的产品文案

5．应用第三方评价

第三方评价是指有经验的用户对购物过程和使用效果进行的评价，是许多用户在网络上购物时会查看的内容。第三方评价一般是用户的客观描述，可以有效地帮助其他用户分辨信息的真实性，加深对产品的了解，具有较大参考性。因此，新媒体文案写作人员可以从用户评价中选取反馈较好或比较公正的评价，将其应用到产品文案中，加深用户对产品的信赖感。

6．展现产品的非使用价值

产品价值可分为使用价值和非使用价值，其中使用价值是产品的固有属性，而非使用价值是产品使用价值之外的附加价值。很多产品文案只体现了产品的使用价值，而忽略了产品的非使用价值，从营销的角度来讲这是不完整的。展现产品的非使用价值可以赋予产品更加丰富的内涵，增强产品的吸引力。一般来说，产品的非使用价值可以从产品体现的身份和形象及附加功能等角度来进行挖掘。例如，对于一款手工制作的木梳，产品文案不仅可以展示其使用价值——梳头，还可以强调其非使用价值，如适合送礼和具有收藏价值等，从而激发用户的购买欲望，如图 6-9 所示。

图 6-9　强调非使用价值

7．给予用户保证

在当今的快节奏生活中，用户对于高质量的产品和服务有着更高的期待。他们不仅关心产品的性能和质量，还关心产品的使用寿命和售后服务方面的保障。为了让用户购买产品时能放心无忧，新媒体文案写作人员在产品文案中要给予保证，包括介绍产品的使用方法、保养技巧、退换方式和保修期等。

6.2　品牌文案写作

为提高品牌知名度，抢占一定的市场份额，提高销量，吸引新用户，维护老用户，以及培养更多忠实用户，品牌各出奇招，除了靠产品本身的质量取胜，还运用了大量的营销手段。其中，品牌文案的写作尤为重要。

📋 课堂讨论

（1）你了解的知名品牌有哪些？

（2）搜索你喜欢的品牌，分析其是如何通过官方网站或微信公众号介绍自己的。

6.2.1　品牌文案认知

品牌文案是针对企业品牌文化写作的，是用于树立企业形象、宣传企业品牌和促进产品销售的一种文案。如果品牌文案不够出众，就无法达到宣传企业品牌的目的。品牌文案对于品牌树立在用户心目中的形象是至关重要的。

此外，品牌文案是企业品牌精神和品牌个性的载体，也是让用户对品牌产生信任的有效手段。优秀的品牌文案能让人直接从中了解品牌定位、产品属性和用户类型。例如，安踏的品牌定位就是青春、健康、有活力，因此安踏的品牌文案都是围绕这个定位展开的，而它的用户大多也是正值青春年华的、有活力的年轻人。

品牌文案需要清晰地展现品牌的风格，为用户塑造一个清晰的品牌形象，准确覆盖和把握目标用户及其心态变化，同时清楚地表达产品的功能属性。图 6-10 所示为某产品的品牌文案，它清晰地为用户介绍了品牌的发展历程。

图 6-10　某产品的品牌文案

6.2.2　品牌文案的写作流程

企业通过创作属于自己的品牌文案、传播自己的品牌文化，可以获得更多的用户关注，提高品牌曝光度和受欢迎程度。下面介绍品牌文案的写作流程。

1．收集整理

在撰写品牌文案之前，新媒体文案写作人员需要对品牌本身进行深入的了解与分析，这就需要新媒体文案写作人员收集整理品牌资料，包括企业的发展历史、产品特点、用户、竞争对手、行业信息、企业信息等情况，具体如表 6-1 所示。只有熟悉了品牌相关信息，新

品牌文案的写作流程

媒体文案写作人员才能写出既符合品牌定位，又能吸引用户注意，并且有助于品牌知名度及品牌产品销量超越竞争对手的品牌文案。

表 6-1 新媒体文案写作人员需收集整理的品牌资料

品牌相关信息	具体内容
企业的发展历史	企业创始人或企业决策者创办企业的动机、经历、精神，产品开发的历程，企业发展壮大的历程，等等
产品特点	产品的产地、价格、颜色、型号、大小、用途、保质期、质地、材料、新工艺、独特包装等
用户	年龄、职业、收入、地域、受教育水平、消费水平、购买心理、偏好、消费行为习惯，用户的购买及使用情境，用户对价格的敏感度及可能的喜好，什么会引起用户的关注和共鸣，等等
竞争对手	竞争对手的品牌、规模、战略、近期推广策略，自身与竞争对手相比的优势，用户对竞争对手产品的评价
行业信息	行业的规模、结构、发展趋势，行业的技术特征，行业的主要目标用户
企业信息	企业的组织管理架构，企业的战略目标，企业的生产运营情况、财务情况、人力资源储备情况等

2. 确定品牌主题

了解了品牌的相关信息后，新媒体文案写作人员就要从中提炼出一个品牌核心宣传点，也就是确定品牌主题。品牌主题是指在品牌设计中对该品牌价值、内涵和预期形象做出的象征性约定，它来源于品牌历史、品牌资源、品牌个性、品牌价值观和品牌愿景等，包括基本主题和辅助主题，通常通过品牌名称、标志、概念和广告等进行表达和传递。

在确定品牌主题时，新媒体文案写作人员可以从品牌的吸引点、冲突点、承诺点等与其他品牌有区别的地方入手，梳理出品牌文案的主线及主要情节，将品牌文案的主要情节同与品牌相关的时代背景、文化内涵、社会心理等内容结合起来思考，以备撰写正文时使用。

3. 撰写初稿

新媒体文案写作人员在完成上述两项准备工作后，就可以进行品牌文案初稿撰写工作了。所谓品牌文案，就是对品牌定位、品牌历史、品牌理念的戏剧化表达。传播品牌文案，能够让用户形成对品牌的正确认知。例如，海尔通过张瑞敏砸冰箱的品牌文案，在用户心目中树立了一个企业对产品质量有极致追求的形象。

根据写作方法的不同，品牌文案可分为定位型品牌文案、故事型品牌文案、理念型品牌文案和内容型品牌文案 4 类。

（1）定位型品牌文案。定位型品牌文案重点在于表现品牌带给用户的差异化价值。

（2）故事型品牌文案。故事型品牌文案常常从品牌的发展历程、产品来历、创始人等角度，按照写故事的方式来展示品牌历史和情怀。

（3）理念型品牌文案。理念型品牌文案一般适用于在某些产品层面极难形成差异化优势时，通过独特的品牌理念来实现差异化竞争。

（4）内容型品牌文案。内容型品牌文案主要通过创作用户感兴趣的文案内容来传递品牌的定位及理念。

> **!!!** 提示与技巧
>
> 企业通过品牌文案进行品牌推广时，一定要想办法将品牌的理念和品牌的各种内在因素表达出来，这样用户才可以完整地了解品牌的信息。品牌文案的撰写角度很多，新媒体文案写作人员通常要根据品牌需要取得的传播效果来确定品牌文案的写作角度。一般来说，新媒体文案写作人员可以从企业、用户和产品等的角度讲述品牌文案，从而达到震撼用户心灵的效果。

品牌文案的内容包含写作的 6 个基本构成要素，即时间、地点、人物、事件、原因和结果，品牌文案的写作架构也通常包括标题、开篇导语、正文核心段、结尾点题段等。在撰写品牌文案的正文时，新媒体文案写作人员可以适当设置一些悬念及伏笔，然后通过生动的文字娓娓道来，从而引起用户的情感共鸣，并最终实现销售目的。

4. 修改初稿

完成品牌文案的初稿以后，新媒体文案写作人员需要对初稿进行整体的阅读，修改其中的错误，保证没有错别字、语法错误等。

此外，新媒体文案写作人员还可以在这个阶段进行小范围的用户测试，收集用户的阅读意见，询问他们记住了哪些品牌信息，被哪些内容打动，是否记住了这个品牌，等等。

5. 定稿发布

修改完初稿后，新媒体文案写作人员再对品牌文案的配图进行设计排版，这样就确定了最终的稿件。新媒体文案写作人员接下来要做的就是找到合适的发布时机及发布平台，进行品牌文案的传播推广。

6.2.3　品牌文案的写作技巧

优秀的品牌文案能够赋予品牌特殊的情感，加深用户对品牌的认知与理解，传递品牌理念和产品诉求。下面介绍品牌文案的写作技巧。

1. 引发独特的思考

不同的品牌文案可以引发用户不同的思考，不同的用户阅读同一个品牌文案时产生的思考也不同。从一定意义上来说，品牌文案能够带给用户怎样的思考也反映了其质量高低。因此，新媒体文案写作人员在写作品牌文案时要充分开拓自己的思路，思考想用品牌文案带给用户怎样的思考。

2. 接地气

在新的市场营销环境下，品牌与用户的关系已经发生改变，一味展现高格调的传播内容已不再适用。品牌文案需要接地气，这样才能引起用户的情感共鸣，才更容易受到用户的青睐，更易于传播。

有传播力的品牌文案通常是通俗易懂、接地气的，就像"怕上火，喝王老吉""今年过节不收礼，收礼只收脑白金"一样，是用户能轻松接收的信息。

江小白的品牌文案没有太多华丽的辞藻，却容易让年轻人产生共鸣，就是因为它洞察到了年轻人的各种情绪，非常接地气。

当你孤独失意时，江小白写道：一个人喝酒不孤独，喝了酒想一个人比较孤独。

当你感情受挫时，江小白写道：早知今日，思念如潮涌般袭来；何必当初，我假装潇洒离开。

当你想念一个人时，江小白写道：千言万语的想念抵不过一次见面。

3. 从两个角度撰写

新媒体文案写作人员可以从理性表达和感性推动两个角度来撰写品牌文案。

理性表达是要以用户的思维模式思考用户关注的信息是什么。

感性推动是要通过有温度的文字来感染用户，从而得到用户的认可。

在竞争激烈的市场环境中，文案列出再多的品牌优势可能也不如写一篇生动的品牌文案，讲再多的卖点可能也不如结合用户的痛点进行场景化渲染。感性推动有利于拉近用户与品牌的距离。

4. 简洁有力

好的品牌文案简洁有力，信息传达形象、准确而直白。很多品牌文案只用一句话就能把产品写得很有诱惑力。

5. 增强可读性

可读性是指品牌文案吸引人的程度，以及品牌文案所具有的阅读和欣赏价值。如何将品牌文案写得生动有趣，引起用户的共鸣，这是大部分品牌在思考的问题。增强品牌文案的可读性可从以下几点进行考虑。

（1）提升新颖度。新颖的品牌文案能够让人眼前一亮。品牌文案不落俗套、充满创意，不仅能让品牌文案从众多同类型的品牌文案中脱颖而出，还能加深用户对品牌的印象。

（2）增强情感的丰富性。品牌文案中人物形象是否立体、矛盾是否激烈、情感叙述是否深入人心等，是品牌文案能否打动用户的关键。

（3）揣摩用户心理。要使品牌文案引起用户的兴趣，新媒体文案写作人员就要学会揣摩用户的心理，猜测他们想听的故事是什么。艺术源于生活却又高于生活，同样，故事也是源于生活又高于生活的。所以，品牌文案要脱胎于生活，但又要有一些对生活的洞察，从而很好地激发用户的兴趣。

（4）发挥品牌文案的诱惑力。发挥品牌文案诱惑力的方式主要有两种：一种是直接告诉用户品牌的功能和利益；另一种是让用户通过品牌文案对品牌产生情感。

（5）增强品牌文案的可分享性。吸引阅读和引发分享是两件不同的事情，在移动互联网时代，只做到吸引阅读还远远不够。品牌文案如果能被广泛分享，那么就会让品牌传播达到事半功倍的效果。新媒体文案写作人员在撰写品牌文案时，要努力增强品牌文案的可分享性，这也是常用的企业品牌文案撰写技巧之一。

6.3 海报文案写作

海报文案写作

海报是一种具有冲击力的宣传工具，能将企业和用户直接联系到一起。海报通过文字、图片和视频等元素向用户传递重要的企业和产品信息，提升用户对企业和产品的认知，从而激发他们的购买欲望。

课堂讨论

（1）常见的海报文案类型有哪些？

（2）上网搜索海报文案，分析其构成要素有哪些。

6.3.1 海报文案的常见类型

海报按其应用领域不同，大致可以分为商业海报、文化海报、电影海报和公益海报等，不同类型的海报对应着不同的海报文案。

1. 商业海报

商业海报是指宣传产品或服务的商业广告性海报。商业海报文案的设计要匹配产品的格调和用户，并根据企业的商业诉求来为企业的商业目标服务。电商海报就是商业海报的一种。

2. 文化海报

文化海报是指各种社会文娱活动及各类展览等的宣传海报。社会文娱活动包括各种演出和体育运动等。展览的种类有很多，不同的展览都有其各自的特点。新媒体文案写作人员只有了解社会文娱活动和展览的内容，才能运用恰当的方法设计文化海报的内容和风格。

3. 电影海报

电影海报主要起到吸引观众注意力、提高电影票房收入的作用，与文化海报等有几分类似。

4. 公益海报

公益海报带有一定的思想性，这类海报具有对公众的特定教育意义。其海报主题包括对各种社会公益活动、道德规范等的宣传，目的在于弘扬爱心奉献，提倡共同进步的精神，等等。

6.3.2 海报文案的构成要素

海报的基本内容是"图片+文字"：二者相辅相成，图片会使海报更加美观，可以吸引用户的注意力；文字则用来表现或突出主题，能传递产品的重要卖点。

图 6-11　海报文案

海报文案的组成部分一般包括主标题、副标题、附加内容，有的海报文案中还会添加产品卖点或促销信息。一张优秀的海报少不了一个出色的主标题。用户最先看到的就是主标题，如果主标题不能在第一时间吸引用户的注意力，用户就会失去继续访问页面的意愿，从而离开页面。因此，新媒体文案写作人员在撰写海报文案时，写出一个非常吸引用户的主标题就显得尤为重要。图 6-11 所示为海报文案，包括主标题、副标题、产品卖点、促销信息。

📐 **素养课堂**

海报设计逐渐融入中国风

现如今，伴随着中国风热度的提高，越来越多的国货品牌开始运用中国风海报进行宣传，以传统符号与装饰元素为基础，将品牌理念与调性融入其中，以潮流设计展现国货风采。例如某家居品牌的海报就在欧式装修风格的基础上融入中国风的配色与点缀，形成了既与国际接轨又保有传统文化符号的新中式风格。

我国有 5000 年的悠久历史文化，理应有属于自己的风格，中国风是集传统元素、理念创新于一身的设计风格，是博大精深的中国文化的浓缩。

海报设计人员在运用中国风时，不能一味人云亦云地模仿现成的中国风，也不该拘泥于展现某一个年代的某一件装饰，应该放眼整个历史长河，把自己的感受具象化，进行自己独特的中国风诠释。

6.3.3　海报文案的写作技巧

要使用户关注海报文案，文案必须要有价值，触及用户最关心的问题。下面介绍海报文案的写作技巧。

1. 直接展示

直接展示是一种常用的海报文案写作技巧，它是指将某个产品或主题直接明了地展示出来。这类海报文案中的主图一定要一目了然，要细致刻画并着力渲染产品的质感、形态和功能用途，呈现产品精美的质地，给用户带来逼真的感觉，使其对海报所宣传的产品产生亲切感和信任感，让用户看了以后能立刻产生点击购买的欲望。

图 6-12 所示的海报文案就使用了直接展示的方法将产品展示在用户面前，重点突出"可轻松拆下清洗"这一卖点，并将产品置于房间中，运用自然背景进行烘托，

增强了海报画面的视觉冲击力，从而使用户对产品产生信任感。

2．以情托物

用户观看海报的过程，就是与海报不断交流感情、对海报产生共鸣的过程。海报文案可以借美好的情感来烘托主题，新媒体文案写作人员只要真实而生动地反映这种情感就能获得以情动人的效果，达到销售产品的目的。

如图 6-13 所示为以情托物的海报文案。该海报以"给妈妈选一件好羽绒服""与'爱'温暖行""为爱用心，给妈妈一个温暖的冬季"作为文案，借用亲情来衬托产品，在感动用户的同时提示用户购买产品来报答母亲的养育之恩。

图 6-12　直接展示产品的海报文案

图 6-13　以情托物的海报文案

6.4　软文的写作

软文是指企业的市场策划人员或广告公司的新媒体文案写作人员负责撰写的文字广告。与硬广告相比，软文的精妙之处就在于一个"软"字。软文是相对于硬广告而言的，它没有直接展示广告信息，而是将广告信息巧妙地融入文案，从而将广告信息潜移默化地灌输给用户。如今的广告信息太多太杂，用户不喜欢硬广告，这种情况下，软文就出现了。

要想写作一篇优秀的软文，首先应该掌握与软文相关的一些知识，如软文的基本类型、软文的撰写要求、软文的写作技巧。

课堂讨论

（1）从网上找一些热门的软文，分析其有哪些特点。

（2）如何写出一篇优秀的软文？

6.4.1 软文的基本类型

根据主题、目的和内容的不同，软文大致可以分为以下几种。

1．用户体验型

用户体验型软文一般以用户的真实体验来传播品牌或产品的优点、正面形象、服务质量等。这是很简单也很容易让用户信任的软文类型。

2．科普型

科普型软文是指科学地对产品进行宣传或介绍，让用户了解并熟悉产品所蕴含的科技价值，进而接受它。这种类型的软文尤其适用于新品上市或某项新技术刚刚面世时，对该新品或该项新技术进行普及推广。

3．专访型

专访型软文主要采用访谈录等形式，将企业创始人的成长经历、创业过程、管理思想等作为内容。当然，采用此方法的前提是所采访的对象达到了一定的高度或具有高知名度。

4．新闻报道型

新闻报道型软文具备权威性，通常直接介绍企业实力、品牌形象。这类软文以官方口吻报道，配合官方媒体平台传播，能大大增强报道的真实性、权威性，从而有力提升品牌的正面形象。

5．促销型

促销型软文通常直接配合促销活动使用，即利用低价、时间紧迫等因素来激发用户的购买欲望。如果是促销产品，促销型软文必须通过清晰的文字描述来加深用户对产品的了解，增强用户对促销产品的信任，这样才能真正起到促销的作用。

6．利用热门事件型

新媒体文案写作人员利用某些热门事件来创作软文时，需要拥有敏锐的洞察能力，找到热门事件与自身产品的关联。新媒体文案写作人员可以利用热门事件来进行推广，安踏利用热门事件冬奥会推广的软文如图 6-14 所示。

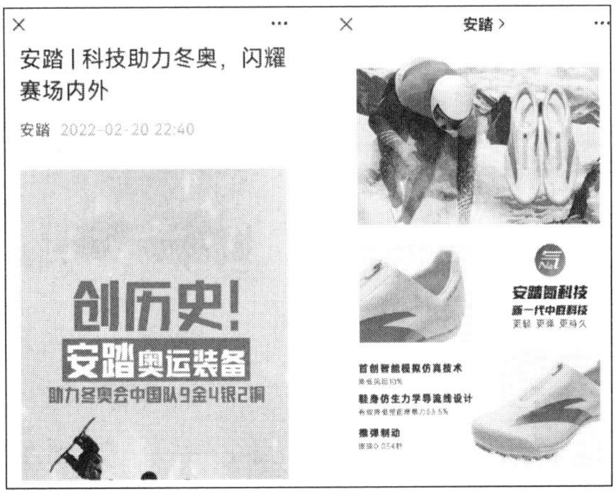

图 6-14 安踏利用热门事件冬奥会推广的软文

6.4.2 软文的撰写要求

软文撰写有一定的要求，主要包括以下几点。

1．主题明确

新媒体文案写作人员在撰写软文时要明确主题，精准地反映企业品牌的主要特点。主题单一且明确，有利于强化软文的感染力。多主题的软文容易失去中心，减弱对用户的吸引力。新媒体文案写作人员只有了解用户对软文的接受过程，明确推广主题，才能达到预期的广告效果。

软文的主题可以是产品质量、产地、价格、规格、材质、品牌、促销活动、服务、用户的反馈等。

> **!! 提示与技巧**
>
> 主题明确的软文具有一定的凝聚力，可以避免写作过于散漫而支撑不住软文的观点。从软文的效果来讲，主题鲜明的软文可以牢牢抓住用户的注意力，集中地论述中心思想，让用户一眼就能明了软文内容，有利于软文的讨论与传播。

2. 定位精准

新媒体文案写作人员可以专门对某一类用户进行精准定位，根据用户的阅读习惯、消费行为、兴趣爱好等撰写软文，如明确所销售产品要定位的用户是哪些人，是男性还是女性，是老人还是小孩。

新媒体文案写作人员如果想打造品牌，就要写出定位精准的软文，从而吸引用户。

3. 视角新颖

视角新颖是指新媒体文案写作人员要多角度、多领域地发挥想象。视角新颖是软文发挥效用的根本所在，包括软文布局的新颖、构思的新颖、写作角度的新颖、语言风格的新颖……新媒体文案写作人员只有不断地增强创新能力，才能写出视角新颖的软文。

一篇软文是否成功，主要看它能不能让用户喜欢或转发，而这取决于新媒体文案写作人员有没有站在用户的角度想问题。

某生态蔬菜公司的软文就采用了一对情侣在微信上讨论回女方家过年时，男方送什么礼物给女方父母的聊天记录截图的形式。这样的场景化软营销很容易把用户带入营销方早就设置好的思维圈内，从而实现营销目的。在软文中，这对情侣商量后一致认为，男方订该生态蔬菜公司的"蔬菜包月礼券"送给女方的父母是不错的选择。

4. 生动有趣

软文要生动有趣。有些产品自带一定的话题，新媒体文案写作人员在撰写软文时比较容易找到亮点；而有些产品则不然，如一些科技类、商务类、财经类的产品，这时就需要通过软文赋予它们一些趣味，让它们显得独特、有创意。

6.4.3 软文的写作技巧

软文也是广告，因此也应符合广告的一般特征，即切中用户需求，向用户传播知识。为了更好地打动用户，软文的撰写要掌握一定的技巧。

1. 用情感打动用户

在类型众多的软文中，情感表达尤其重要。软文要能抓住用户情感上的弱点，激发他们的情感，如亲情、爱情、友情、思乡情、爱国情……当软文描述的情感与用户的情感相契合时，有类似经历的用户就会感同身受并愿意主动转发和传播软文。

情感类软文最大的特点就是容易走进用户的内心，新媒体文案写作人员所撰写的软文如果能做到这一点，就很有可能使用户接受软文提及的产品。

2．写作语言通俗化

一篇好的软文一定是能被阅读者轻松阅读并理解的，写作语言通俗化就是要照顾到大多数阅读者的理解能力。软文的阅读者是普通的用户，因而软文应拒绝华丽辞藻的修饰和连篇累牍的描述，要将思想和灵感通俗化，以便拉近和用户的距离。要做到写作语言通俗化，就要尽量长话短说，用用户熟悉的生活元素去讲道理。

3．满足用户需求

一篇好的软文要使用户感受到产品的价值，因此新媒体文案写作人员在策划撰写软文时要从满足用户需求的角度出发，在软文中体现出产品的功能价值和品牌价值。

用户购买某款产品通常是为了满足生活、工作、学习中的某种需求，因此新媒体文案写作人员要尽量突出产品最具优势的价值。

图 6-15 所示为售卖松茸的一篇软文，该软文满足了用户获取知识、消除疑惑的需求。松茸本身作为一种高档食材，并不被大多数用户所熟悉，让用户了解并且购买它，就是新媒体文案写作人员撰写软文所要达到的目的。这篇软文介绍了松茸的产地，并用多段文字彰显了它的稀缺，让用户真正了解了松茸。

图 6-15　满足用户需求的软文

4．选择写作视角

软文能否受用户欢迎，能否真正助营销一臂之力，关键就在于其是否有足够的创意，而决定软文创意的通常就是写作视角。软文的写作视角一般分为物的视角和人的视角。

（1）物的视角。一般情况下，一些大品牌的产品或一些土特产等比较具有特色，新媒体文案写作人员可以选择物的视角，也就是围绕产品本身去写，如突出产品的产地、特色、价格、品牌及其他优势等。这样写的目的就是突出这款产品和其他同类产品的不同，通过宣传让用户知道该产品的优势。

（2）人的视角。对以提供服务为主，或者带有较强体验性的产品，如旅游服务、机票服务、酒店餐饮服务等，新媒体文案写作人员可以从人的视角出发，着重从用户层面去写，这样的写作角度很容易打动用户，能鼓励用户参与其中并带动消费。

6.5　H5 文案的写作

H5 文案即 HTML5（HyperText Markup Language 5，第 5 代超文本标记语言）页面文案，是一种以 HTML5 为技术基础的交互式广告文案。通过 H5 文案，企业可以在广告中融入更多的交互元素，提高用户参与度，从而提升营销效果。本节将详细阐述如何撰写优秀的 H5 文案，主要涵盖 H5 文案的标题拟定与内容写作要点两个方面。

6.5.1　H5 文案的标题拟定

在 H5 文案中，标题是至关重要的组成部分。一个好的标题能够迅速吸引用户，引起他们的阅读兴趣，从而引导他们进一步了解 H5 文案的内容，H5 文案的标题如图 6-16 所示。H5 文案的标题需要贴合 H5 文案的主题，一般情况下，新媒体文案写作人员可从以下几个方面进行思考。

（1）目标用户群体。针对企业的目标用户群体拟定 H5 文案标题，新媒体文案写作人员可以有效把握目标用户群体的消费心理，提高 H5 文案的浏览量，还可以根据目标用户群体、其心理因素、主题等进行综合分析，选择合适的风格拟定 H5 文案标题。

（2）用户关注点。通过对用户关注点的研究，新媒体文案写作人员能够更好地确定标题应展现的内容，更大限度地表现品牌、产品或服务的特点和优势。

（3）H5 文案特点。标题要符合 H5 文案的特点，能够与 H5 文案的整体设计风格相匹配。

图 6-16　H5 文案的标题

（4）不同类型的 H5 文案的标题拟定。对于不同类型的 H5 文案，如产品介绍、活动推广、品牌宣传等，应采用不同的标题拟定策略。例如，对于产品介绍类的 H5 文案，可以通过突出产品的优势和特点来吸引用户；对于活动推广类的 H5 文案，可以通过强调活动的优惠和时间限制来吸引用户；对于品牌宣传类的 H5 文案，可以通过讲述品牌故事或突出品牌价值观来吸引用户。

"你准备好改变自己了吗？"——健康生活主题的 H5 文案。这个标题通过直接询问用户是否准备好改变自己，引发了他们的好奇心和探索欲望。同时，它也传递了一则积极的信息，即改变生活是值得追求的。这个标题适用于健康生活、健身、减肥等主题的 H5 文案。

6.5.2　H5 文案的内容写作要点

随着互联网的发展，H5 文案近年来越来越受到企业的青睐，成为企业进行营销的有效手段。本小节将讲述 H5 文案的内容写作要点。

1. 创意策略

创意是 H5 文案的核心，一个好的创意可以吸引用户的注意力，提高点击率。为了增强 H5 文案的创意性，新媒体文案写作人员不仅可以通过图片和设计场景为用户带来不同的感受，吸引用户的注意力；还可以从文字入手，配合图片，营造一种有感染力的氛围，吸引用户，使用户产生分享和传播 H5 文案的意愿，从而达到营销目的。

2. 视觉效果设计

H5 文案的视觉效果设计，包括页面中文字、图片或按钮等的排版设计，以及整体的颜色设计。下面分别对这两方面进行介绍。

（1）排版设计。H5 文案的排版直接影响阅读体验。要确保文字清晰易读，段落分明，字号大小适中。新媒体文案写作人员对 H5 文案进行排版设计，可以使 H5 文案的版面更加整洁、有条理，优化视觉效果，使用户能够在短时间内找到自己需要的信息，提高产品或品牌营销信息的传播效率。在对 H5 文案进行排版设计时，要求版面干净、简洁，文字与图片、动画等分布合理，突出 H5 文案营销的主题与重点。图 6-17 所示的 H5 文案图文排版，保持了画面整体的整洁、干净，给用户带来一种清爽、舒心的视觉感受。

（2）颜色设计。众所周知，不同的颜色能够代表不同的情绪，给人不同的心理暗示，因此，新媒体文案写作人员需根据 H5 文案的主题，选择合适的颜色，再经过对色相、明度和纯度的调整，形成由不同颜色组合而成的整体版面，和谐的版面颜色能够在第一时间抓住用户的眼球，为 H5 文案带来更多的浏览量和转发量。

图 6-17　H5 文案图文排版

3. 交互元素设计

H5 文案应注重交互元素的设计，如点击跳转、滑动翻页等。这些交互元素能够增强用户的参与感，提高其阅读兴趣。同时，交互元素也要符合整体设计风格，避免过于突兀。

例如，图 6-18 所示的 H5 文案就结合"OPEN"点击动作，使用户一步步进入下一个页面，最后引导用户进行在线预订。

图 6-18　H5 文案交互元素设计

6.6　AIGC 文案的写作

随着人工智能的飞速发展，我们正迈入一个全新的时代，在这个时代，文案写作也正在经历一场深刻的变革。AIGC（Artificial Intelligence Generated Content，人工智能生成内容）文案以其独特的优势和广阔的应用前景，正逐渐改变我们的生活和工作方式。

> **课堂讨论**
>
> 从网上找一些人工智能写作工具，利用这些工具写一篇文案。

6.6.1　AIGC 概述

AIGC 是一种全新的技术，它能够通过学习海量的数据，自动生成具有高质量、高创造性的内容。这种技术基于深度学习和机器学习算法等，通过模拟人类的思维和创作过程，实现了从数据到内容的转化。

AIGC 的应用领域十分广泛。在内容创作领域，AIGC 可以自动生成文本、图像、视频、音频等多种形式的内容，大大降低了内容生产的成本，同时也提高了内容的质量，并丰富了内容的多样性。

现阶段国内 AIGC 多以单模型应用的形式出现，主要分为文本生成、图像生成、音频生成、视频生成，其中文本生成是其他内容生成的基础。

1. 文本生成

文本生成是一种强大的技术，它能够模拟人类的书写风格，生成自然、流畅的文本。通过使用先进的机器学习模型，该技术可以从大量的文本数据中学习，并生成与输入的文本数据在风格、语气和内容上相似的新文本。传统的文案通常需要人工撰写，耗时耗力，而文本生成技术则可以快速生成符合要求的文本，大大提高工作效率。

2. 图像生成

图像生成也是一种强大的技术，它为我们提供了全新的艺术表达方式，同时也为各行各业带来了巨大的变革。图像生成技术通常基于深度学习和神经网络技术，对大量图像数据进行学习，能够生成具有某种艺术风格的图像。这些图像可以是现实的，也可以是抽象的，甚至可以传达特定的主题或信息。图像生成技术的应用领域非常广。在艺术领域，艺术家可以利用其进行创作，而不再受限于自己的技能或时间。同时，图像生成技术也正在改变广告和市场营销行业，设计师可以利用其快速生成各种风格的图像，以更好地传达品牌信息。

3. 音频生成

音频生成，也称为语音生成，是一种利用人工智能技术创建逼真音频的技术。音频生成技术可以分为两种，分别是文本到音频合成和音频克隆。这两种技术都在各自的领域内发挥着重要的作用，为机器人配音、语音播报、智能配音等领域带来了巨大的改变。

4. 视频生成

视频生成已被用于视频剪辑处理以生成预告片和宣传视频等。其工作流程类似于图像生成，视频的每一帧都在帧级别进行处理，然后利用相应算法检测视频片段。视频生成技术高效生成有吸引力的视频的能力是通过结合不同的算法实现的。凭借其先进的功能和日益普及的趋势，视频生成技术可能会继续革新视频内容的创建和营销方式。

6.6.2　AIGC 文案生成案例

随着人工智能技术的发展和普及，AIGC 的功能越来越强大，应用也越来越广泛。它能够根据用户的需求快速生成各种类型的文案，包括广告语、新闻稿、营销文案、社交媒体帖子等。

AIGC 文案生成案例

本小节将介绍一个智能家居品牌的广告文案案例，展示使用聪明灵犀帮助企业自动生成广告文案的过程。聪明灵犀是一款计算机端的智能文案撰写工具，除了具备基本的聊天功能以外，还可以用来撰写各种类型的产品宣传文案，具体操作步骤如下。

（1）下载并打开聪明灵犀软件，在主页选择"AI写作"，如图6-19所示。

图 6-19　选择"AI 写作"

（2）进入页面后，单击"新建对话"按钮，随即选择相应的写作类型，输入文章主题或者关键词及故事情节等其他要求，如图 6-20 所示。

图 6-20　选择相应的写作类型

此处在"请输入文章主题或者关键词"文本框中输入"智能家居，让生活更美好"，在"请输入故事情节等其他要求"文本框中输入"智能家居系统为您打造一个舒适、安全、智能的生活环境，还提供远程控制和自动化控制功能，让您无论身处何地，都能轻松掌控家中的一切。"设置好以上内容后，单击"开始生成"按钮，系统将自动进行创作。稍等片刻后，生成的文案就会直接呈现在右侧页面中，如图 6-21 所示。

图 6-21　生成的文案

本章实训

撰写女包相关文案

为了帮助读者掌握产品文案和品牌文案的策划与写作，下面以撰写一款女包的相关文案为实训内容进行巩固练习。

【实训要求】

（1）提炼女包卖点。

（2）撰写女包产品属性文案。

（3）撰写品牌文案。

【实训内容】

（1）提炼产品的卖点。了解用户的需求和痛点，从满足需求的角度提炼卖点。提炼出的卖点应该简洁明了，能够吸引用户的注意力，同时也要符合产品的特点和品牌形象。

（2）包含产品功能、细节、尺寸等主要属性的文案的撰写。这部分文案需要详细介绍产品的基本信息，包括材质、尺寸、颜色、款式等。同时，也要注意突出产品的优势和特点，为用户提供更多的购买参考信息。

（3）品牌文案的写作。需要将品牌文化、品牌理念等融入文案，提升品牌形象和用户对品牌的认同感。新媒体文案写作人员可以从品牌的创建时间、品牌文化等入手，展示品牌的实力和信誉。

思考与练习

一、填空题

（1）产品文案中必须包括＿＿＿＿＿＿＿＿，以便用户对产品形成整体的观感，从而加深对产品的了解。

（2）产品价值可分为＿＿＿＿＿＿＿和＿＿＿＿＿＿＿，其中＿＿＿＿＿＿＿是产品的固有属性。

（3）新媒体文案写作人员可以从＿＿＿＿＿＿＿和＿＿＿＿＿＿＿两个角度来撰写品牌文案。

（4）＿＿＿＿＿＿＿即 HTML5 页面文案，是一种以 HTML5 为技术基础的交互式广告文案。

二、选择题

（1）（　　）一般适用于在某些产品层面极难形成差异化优势时，通过独特的品牌理念来实现差异化竞争。

  A．理念型品牌文案   B．定位型品牌文案

  C．故事型品牌文案   D．内容型品牌文案

（2）（　　）是指宣传产品或服务的商业广告性海报。

  A．文化海报 B．商业海报 C．电影海报 D．公益海报

（3）（　　）软文是指科学地对产品进行宣传或介绍，让用户了解并熟悉产品所蕴含的科技价值，进而接受它。

  A．专访型   B．促销型   C．科普型   D．新闻报道型

（4）（　　）是一种利用人工智能技术创建逼真音频的技术。

  A．视频生成 B．图像生成 C．文本生成 D．音频生成

三、思考题

（1）产品核心卖点的提炼方法有哪些？

（2）海报文案的写作技巧有哪些？

（3）软文的写作技巧有哪些？

（4）H5 文案的标题拟定需要从哪些方面考虑？

第7章

新媒体文案编辑与排版

随着新媒体的快速发展，编辑与排版已成为新媒体文案的关键环节。本章将详细探讨新媒体文案编辑与排版的相关知识，包括新媒体信息采集、新媒体图文编辑、新媒体视频编辑及新媒体图文排版等关键内容。

知识目标

☑熟悉新媒体信息采集渠道。

☑熟悉新媒体信息采集工具。

☑掌握新媒体图文编辑。

☑掌握新媒体视频编辑。

☑掌握新媒体图文排版。

引导案例　游乐园网页文案

在某游乐园网页文案中可以看到不同的游乐设施介绍图片，如图7-1所示。

本网页文案的主要内容是介绍游乐园的游乐设施，其使用图片客观、形象地展示了游乐设施，此时图片的运用远胜于一大段的文字描述。图片传达的信息要比文字丰富得多，特别是一些好的图片对于瞬间的记录可以产生长久的震撼人心的效果。目前，各新媒体平台在进行新媒体信息的组织时，都充分利用网络媒体的优势，综合运用文字、图片、音频、视频等多种形式，力求达到图文并茂、视听共享的效果。

构成新媒体文案的元素包括文字、图片、音频、视频等，而且各类素材的文件格式也是多种多样的。这就要求新媒体文案写作人员能够正确选择图片、视频的文件格式，同时需要掌握图片编辑、视频编辑等基本操作。

响尾蛇

长145m，高13m，堪称颠覆性的水滑道，独特设计的响环让游客以非比寻常的速度感受几乎垂直的震荡，响尾蛇滑道圆柱筒的长度不同，响环速节变长，带给游客无与伦比的感...

👍 刺激指数：★★★★★

😊 项目特点：灯光、水滑道、急速、三代同乐、孕妇不宜

欢乐岛

占地面积6000㎡，以海洋生物为主题的艺术手绘信息装创作，种类丰富的海洋生物，可爱多彩的卡通元素，令人仿佛置身于梦幻多彩的海底世界，与海豚、鲨鱼成为好朋友，尽享欢...

👍 亲子指数：★★★★★

😊 项目特点：互动戏水、三代同乐

卡巴水寨

占地面积3500㎡，以××元素设计建造的巨型水寨，五光十色，绚彩斑斓，水寨拥有181项娱乐元素，402项喷水元素，10条水滑道组合而成的大型滑道数量盘整，状如孔雀般的...

👍 欢乐指数：★★★★★

😊 项目特点：互动戏水、三代同乐

图 7-1　某游乐园网页文案

思考与讨论

（1）图片在新媒体文案中的作用是怎样的？

（2）新媒体文案中常见的多媒体元素有哪些？

7.1　新媒体信息采集

在新媒体信息时代，短时间内获取大量信息最有效的方式之一就是进行新媒体信息采集。合理的采集渠道和采集工具可以保证信息的采集质量。

课堂讨论

（1）你在网上采集信息，一般会通过哪些渠道？

（2）常用的新媒体信息采集工具有哪些？

7.1.1　新媒体信息采集渠道

新媒体信息采集的渠道是多种多样的，不同的新媒体信息的采集渠道不同。新媒体信息常见的采集渠道包括政策渠道、统计渠道、科技渠道、市场渠道、产品渠道、消费渠道，如图 7-2 所示。

（1）政策渠道。政策渠道包括国家及其所属各部门制定的各项政策和措施，一般由政府机构通过自己的官方平台将信息发布给大众，如居民服务政策、产业和产品结构调整政策、招商引资政策、投资审批政策、环境保护政策、对外贸易政策、物价政策等。新媒体文案写作人员可通过政府机构官方平台、新闻报道或发布会及有关刊物、会议、研讨

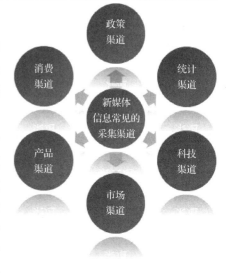

图 7-2　新媒体信息常见的采集渠道

会等渠道获取这类信息。

（2）统计渠道。有关政策的执行结果，各种产品的生产、流通、消费情况等量化的信息可从统计、财政、金融、商务、工业等部门获取。

（3）科技渠道。有关产品的科技开发动态、发明专利，产品的新材料、新工艺、新技术的开发成果等科技信息，可以从科技部门、专业会议、大众传播媒体中获取。

（4）市场渠道。各类产品的市场供求情况、价格升降、质量要求、同行竞争程度与市场占有率等信息，可以通过各种电子商务平台、交易会、展销会等途径获取；也可以从社会经济信息咨询机构，如信息中心、社会调查机构、行业协会等处获取。

（5）产品渠道。通过厂家的产品广告、大众传播媒体（报刊、广播、电视）、产品手册与消费指南、产品标识与说明书、维修手册、商业告示等，可了解具体产品的规格、属性、功能特点、颜色、尺寸、价格、使用方法、维修方法、售后服务等内容。

（6）消费渠道。产品消费结构和层次的分析、各类产品的用户的数量及分布、用户的消费心理与习惯、用户的购买动机和方式、用户的购买力及消费倾向、消费者组织及其活动等信息，一般可以通过对用户的抽样调查、社会调查机构、新闻媒体等途径获取。

7.1.2　新媒体信息采集工具

由于新媒体信息的数量庞大、内容丰富，同时渠道多样、质量参差不齐，所以需要运用有效的采集工具才能采集到满足要求的信息。常用的新媒体信息采集工具有搜索引擎、采集软件、网络数据库、专业网站、新媒体平台等。

1. 搜索引擎

搜索引擎是对互联网信息资源进行搜索、整理和分类，并将其储存在网络数据库中供用户查询的系统。在搜索引擎中检索信息都是通过输入关键词来实现的。搜索引擎是用于网上信息资源选择的主要工具。

搜索引擎是在从互联网上提取各个网站的信息而建立的数据库中，检索与用户查询条件匹配的相关记录，然后按一定的排列顺序将结果反馈给用户。通过百度搜索引擎搜索信息如图 7-3 所示。

图 7-3　通过百度搜索引擎搜索信息

2. 采集软件

对网页数据的采集需求最初通过手动采集来满足，手动采集可以满足少量的采集需求，但网页数据是海量的，手动采集会耗费很多时间和精力，因此新媒体文案写作人员需要一个高效的采集软件来快速完成网页数据采集。在这种需求之下，新媒体信息采集软件应运而生。常见的新媒体信息采集软件有火车采集器、网络神采、八爪鱼采集器等。

（1）火车采集器。火车采集器是一款专业的网页数据抓取、处理、分析、挖掘软件。该软件凭借灵活的配置，可以轻松、迅速地抓取网页上散乱分布的文本、图片、视频等文件，并在完成数据清洗、过滤、去噪等预处理后进行整合存储，再进行数据的分析挖掘，最终呈现可用数据。火车采集器实现了数据从采集、处理到发布的一系列智能操作，能够快速、稳定地满足大量的数据采集需求，可以取代手动采集，大幅提升工作效率。

（2）网络神采。网络神采是一款基于互联网技术的数据采集软件，可以帮助用户快速、准确地从多个网站中提取有用的信息，并进行整理和分析。该软件支持多种数据采集方式，如网页爬虫、API（Application Programming Interface，应用程序接口）服务等，可以满足不同用户的需求。该软件还提供了强大的数据处理和分析功能，可以对采集到的数据进行清洗、整理和分析，并生成可视化的图表和报告，帮助用户更好地了解数据背后的趋势和意义。

（3）八爪鱼采集器。八爪鱼采集器是集网页数据采集、移动互联网数据采集及API服务（包括数据爬虫、数据优化、数据挖掘、数据存储、数据备份）等于一体的数据服务平台。八爪鱼采集器可根据不同网站提供多种采集策略与配套资源，可自定义配置、组合运用、自动化处理，从而在整个采集过程中保证数据的完整性与稳定性。八爪鱼采集器如图7-4所示。

图7-4　八爪鱼采集器

3. 网络数据库

网络数据库具有信息量大、更新快、品种齐全、内容丰富、检索功能完善等特点，是获取信息尤其是文献信息的一个有效途径，如用于查询期刊论文的网络数据库有万方数据、龙源期刊网等，用于查询中文图书的网络数据库有超星数字图书馆等。

网络数据库有收费数据库和免费数据库之分。收费数据库一般需要购买使用权；免费数据库中主要有专利、标准、政府出版物，一般由政府及非营利性组织创建并维护。

4．专业网站

专业网站所提供的信息容量大、内容全面、数据准确。通过专业网站获取信息是最简单、最直接的一种信息获取方式。新媒体文案写作人员要熟悉并经常关注所在领域的专业网站。从专业网站获取信息时，需要注意网站和稿件的著作权声明，不要侵犯对方的著作权。常见的专业网站有综合性的新闻网站、专业财经信息网站、教育信息网站、科技信息网站、电子商务网站等。

5．新媒体平台

来自中国社会科学院新闻与传播研究所的一项调查显示，新媒体平台已经成为我国公众获取新闻信息的主要渠道。以微博、微信、今日头条、抖音为代表的新媒体平台也是新媒体文案写作人员获取信息的重要渠道。

7.2　新媒体图文编辑

新媒体图文编辑是新媒体文案写作的核心，优秀的图文编辑能够吸引用户的注意力，增强新媒体文案的传播效果，进而提升新媒体平台的知名度和影响力；反之，不当的图文编辑则可能导致用户流失，甚至影响整个新媒体平台的声誉。下面介绍常见的新媒体图文编辑工具——创客贴和 Photoshop。

课堂讨论

常用的新媒体图文编辑工具有哪些？上网了解这些工具。

7.2.1　使用创客贴在线设计产品海报

创客贴是一款简单好用的平面设计工具和在线图片编辑器，其提供的设计模板涵盖产品主图、海报、微信公众号文案首图等类型。下面以创客贴为例讲述在线设计产品海报的具体操作步骤。

（1）进入创客贴网站主页，单击"开始设计"按钮，如图 7-5 所示。

图 7-5　单击"开始设计"按钮

（2）进入登录页面，选择账号密码登录，如图 7-6 所示，还可以选择其他登录方式。

图 7-6　选择账号密码登录

（3）进入创客贴，选择"模板中心"中的"电商"分类，在右侧选择"电商横版海报"，可以看到电商横版海报的模板列表，如图 7-7 所示。

图 7-7　电商横版海报的模板列表

（4）从中选择一个合适的模板，此处选择第一排第二个，单击"编辑"按钮，如图 7-8 所示。

图 7-8　单击"编辑"按钮

（5）进入编辑页面，单击左侧的"上传"按钮，如图 7-9 所示。

图 7-9　单击"上传"按钮

（6）在弹出的"我的上传"对话框中单击"上传素材"按钮，如图 7-10 所示。

图 7-10　单击"上传素材"按钮

（7）在弹出的"打开"对话框中选择要添加的图片，如图 7-11 所示。

（8）单击"打开"对话框右下角的"打开"按钮，即可上传图片。图片上传后的界面如图 7-12 所示。

图 7-11　选择要添加的图片

图 7-12　图片上传后的界面

（9）把模板中的图片删除，替换为已上传的图片，如图 7-13 所示。

图 7-13　替换图片

（10）修改优惠券金额，如图 7-14 所示，并根据需要设置文字的字号、字体、颜色和样式等。

图 7-14　修改优惠券金额

7.2.2　使用 Photoshop 编辑商品促销文案

Photoshop 是一款图片设计与制作软件，因其强大的功能和友好的界面深受广大用户的喜爱，可以用来对图片进行编辑加工。使用 Photoshop 2020 编辑商品促销文案的具体操作步骤如下。

使用 Photoshop 编辑商品促销文案

（1）启动 Photoshop 2020，打开"商品促销部分背景"图片，如图 7-15 所示。

（2）单击"文件"→"置入嵌入的对象"命令，在弹出的"置入嵌入的对象"对话框中选择要置入的图片"护肤品"，单击"置入"按钮，如图 7-16 所示。置入图片后的效果如图 7-17 所示。

（3）利用图片边框处的小方块，按比例调整图片的大小和位置，调整后的效果如图 7-18 所示。

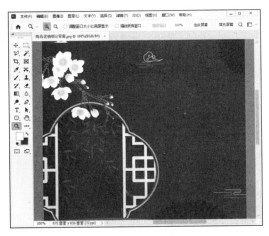

图 7-15　打开图片

图 7-16　置入图片

图 7-17　置入图片后的效果

图 7-18　调整图片的大小和位置

（4）选择工具箱中的"魔棒工具"，如图 7-19 所示。

（5）单击置入的图片，选中白色背景，按 Delete 键删除背景，效果如图 7-20 所示。

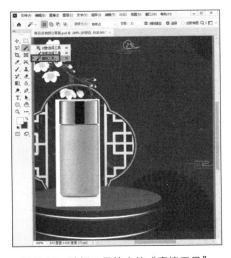

图 7-19　选择工具箱中的"魔棒工具"

图 7-20　删除背景

（6）使用"矩形选框工具"选中没有删除的细小部分，按 Delete 键删除，效果如图 7-21 所示。

图 7-21　删除细小部分

（7）选择工具箱中的"直排文字工具"，如图 7-22 所示，输入文字"年货节大促销　呵护清爽肌肤"，在"属性"面板中设置字体为"黑体"，字号为"48 点"，颜色为"黄色"，如图 7-23 所示。

（8）选择工具箱中的"圆角矩形工具"，在文档窗口中绘制圆角矩形，并设置圆角矩形的颜色，如图 7-24 所示。

（9）在圆角矩形中输入文字"全场满 199 元减 30 元，满 299 元减 50 元"，并设置文字的字号为"16 点"，颜色为"黑色"，如图 7-25 所示。

通过以上操作即实现使用 Photoshop 2020 编辑商品促销文案。

图 7-22　选择"直排文字工具"

图 7-23　输入文字并设置字体、字号和颜色

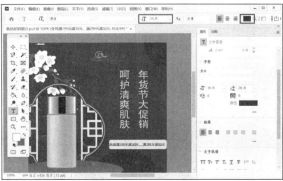

图 7-24 绘制圆角矩形并设置颜色　　　　图 7-25 输入文字并设置字号和颜色

7.3 新媒体视频编辑

　　虽然现在很多短视频平台都有编辑功能，但是利用这些编辑功能制作出的效果不如利用视频剪辑软件制作出的效果好。在手机端可以使用剪映等 App 剪辑短视频，在 PC 端可以使用 Premiere 剪辑短视频，这些剪辑软件的功能都非常全面，也非常适合新手。

课堂讨论

　　常用的新媒体视频编辑工具有哪些？上网了解这些工具。

7.3.1 使用剪映编辑视频

　　在手机端使用剪映可以对主视频轨道、画中画视频轨道中的视频或图片进行一些编辑操作，如旋转视频、视频镜像和裁剪视频尺寸等。使用剪映编辑视频的主要操作方法如下。

使用剪映编辑视频

　　（1）选中一段视频素材，在"剪辑"菜单下面左右滑动找到并点击"编辑"按钮，如图 7-26 所示。

　　（2）打开的编辑界面如图 7-27 所示。

　　（3）点击"旋转"按钮，视频画面即可自动顺时针旋转 90°，如图 7-28 所示。

　　（4）点击"镜像"按钮，视频画面即可自动翻转，如图 7-29 所示。

　　（5）点击"裁剪"按钮，打开图 7-30 所示的界面，拖曳视频画面四周的白色线条即可自由剪切画面。

　　（6）点击右上角的"导出"按钮，即可导出画面，如图 7-31 所示。

图 7-26　点击"编辑"按钮

图 7-27　编辑界面

图 7-28　点击"旋转"按钮

图 7-29　点击"镜像"按钮

图 7-30　剪切画面

图 7-31　点击"导出"按钮

7.3.2　使用 Premiere 编辑视频

　　Premiere 是由 Adobe 公司开发的一款视频编辑爱好者和专业人士常用的视频编辑工具，它功能强大，可以为创作者提供从简单的剪辑到高级视频特效添加等多样的编辑功能。通过这些功能，如实时合成、场景效果和动画特效等，创作者可以轻松地生成专业级内容。

　　利用 Premiere 编辑的视频画面质量比较好。Premiere 有较好的兼容性，可以与 Adobe 公司推出的其他软件相互协作。Premiere 兼顾了广大创作者的不同需求，具有强大的生产能力、控制能力和较强的灵活性，以其人性化的界面和强大的视频编辑功能备受创作者的青睐。图 7-32 所示为使用 Premiere 制作视频。

图 7-32　使用 Premiere 制作视频

　　Premiere 可以提升创作者的创作能力和创作自由度，是易学、高效、精确的视频剪辑软件。Premiere 提供了专业的采集、剪辑、调色、美化音频、添加字幕、输出、DVD 刻录等一整套功能，使创作者足以应对在编辑与制作视频过程中遇到的大多数挑战，满足创作高质量作品的要求。

7.4　新媒体图文排版

　　新媒体图文排版是提高新媒体内容可读性的关键之一。新媒体文案写作人员通过遵循一定的排版原则，采用合适的排版工具和方法，可以显著增强新媒体文案的可读性、美观性，优化新媒体文案的传播效果。

课堂讨论

　　（1）常用的新媒体图文排版工具有哪些？上网了解这些工具。
　　（2）为什么要对新媒体图文进行排版？

7.4.1　新媒体图文排版概述

　　新媒体图文排版是指将文字、图片、视频等素材按照一定的规则和美学原则进行组合和布局，使其在视觉上更加美观、协调，并且易于阅读，从而提升用户阅读体验，增加用户对新媒体文案的关注度和阅读时长。

　　新媒体图文排版的原则主要有以下几点。
　　（1）清晰简洁。排版应该清晰简洁，避免使用过多的文字和复杂的布局，让用户能够轻松地阅读和理解内容。

（2）美观大方。排版应该符合美学原则，使用适当的字体、字号、颜色和图片等元素，使内容更加美观大方。

（3）突出重点。排版应该突出重点，使用加粗、斜体、高亮等方式，让用户能够快速找到关键信息。

（4）符合平台特点。不同的新媒体平台有不同的排版风格和规则，新媒体文案写作人员需要根据平台特点进行排版。

（5）符合用户的审美。排版应尽量符合用户审美，找到其与个性化创作之间的平衡点。

7.4.2　新媒体图文排版的常用工具

使用专业的图文排版工具可以使新媒体文案既美观又符合媒体发布规范，并赢得用户的青睐。下面介绍常用的新媒体图文排版工具。

1．Dreamweaver

Dreamweaver 是网页设计与制作领域中用户多、应用广、功能强大的一款软件，用于网页内容的整体编辑与排版，以及网站的创建和管理。设计师和开发者利用它可以轻而易举地制作出充满动感的网页。

图 7-33 所示为利用 Dreamweaver 对网页内容进行编辑与排版。

图 7-33　利用 Dreamweaver 对网页内容进行编辑与排版

2．Word

Word 是一款被广泛应用于办公领域的专业文本编辑软件，它可以帮助用户完成日常文档的处理工作，满足绝大部分用户的需求。在 Word 中可以进行的操作包括输入和编辑文本，设置字符和段落格式，设置边框、底纹、页面背景和页面大小，应用各种样式，插入和编辑图片、艺术字、形状、SmartArt 图形，创建和美化表格，等等。新媒体文案写作人员通常可以使用 Word 编辑策划文案，如图 7-34 所示。

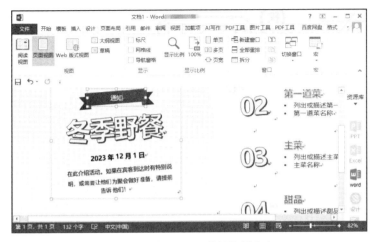

图 7-34　使用 Word 编辑策划文案

3. PowerPoint

PowerPoint 是一款专业的演示文稿制作软件，用户可以将制作的演示文稿在投影仪或计算机屏幕上进行播放，也可以将演示文稿打印出来，制作成图片，应用到更广泛的领域。在 PowerPoint 中，新媒体文案写作人员不但能像在 Word 中一样对文本进行编辑，还可以插入视频、音频等多媒体文件。如果需要制作文字较少，但包含大量图片和其他多媒体元素的文案，那么 PowerPoint 将比 Word 更加合适。图 7-35 所示为使用 PowerPoint 编辑文案。

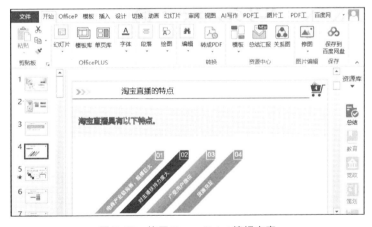

图 7-35　使用 PowerPoint 编辑文案

4. 壹伴编辑器

针对手机端的新媒体平台的内容编辑工具主要包括壹伴编辑器、秀米、i 排版、135 编辑器等，它们的操作方法基本相似，下面以壹伴编辑器为例进行讲解。壹伴编辑器是一款基于微信公众平台的在线图文编辑和排版工具，它提供了丰富的工具和功能，能够帮助用户轻松创建和编辑高质量的微信公众号文章，其操作界面如图 7-36 所示。

图 7-36　壹伴编辑器操作界面

使用壹伴编辑器，新媒体文案写作人员可以轻松调整字体、字号和颜色，使文字更加清晰易读。此外，壹伴编辑器还支持插入图片、视频和音频等多媒体元素，丰富了微信公众号文章的表现形式。新媒体文案写作人员可以灵活运用这些功能，让微信公众号文章更具吸引力和专业性。

7.4.3　新媒体文字排版

文字是新媒体文案的核心，而排版是新媒体内容呈现不可或缺的部分。用户除了对新媒体内容质量有要求之外，还看重阅读体验，因此新媒体文字排版显得尤为重要。

1. 遵守基础排版规则

新媒体文字排版的目的不是让用户关注排版，而是更好地呈现内容，便于用户理解。因此，遵守基础的排版规则，将文字自然地呈现在用户面前即可。为了改变文字呈现时的单一形式，人们赋予了文字更多的属性，如颜色、字号、行间距、段间距等。

（1）颜色。运用不同颜色的文字可以使想要强调的部分更加引人注目，但应该注意的是，除非有特殊的设计目的，对于文字的颜色，只可少量运用，如果运用过多，反而什么都无法强调。况且，在一个页面上运用过多的颜色，会影响用户阅读页面内容。

例如，纯黑色字与白色背景会形成强烈的对比，显得刺眼，造成阅读体验不佳，因此文字颜色尽量不用纯黑色。相较之下，文字颜色使用灰色较为适宜。图 7-37 中列举了几种看起来比较舒服的颜色及其 RGB 数值，为了对比方便，图中最右侧也列出了 RGB 数值为#000000 的纯黑色。

另外需要注意的是，文字颜色的对比度包括明度对比、纯度对比及冷暖对比。这些因素不仅影响文字的可读性，还影响设计效果、设计情感和设计思想的表达。

（2）字号。不同的手机屏幕尺寸不同，字号大小会影响阅读体验。较大的字号可用于标题或其他需要强调的地方，较小的字号可用于页脚和辅助信息。需要注意的是，小字号容易使文案产生整体感和精致感，可读性较差。

在微信编辑器中，常用字号为 14 号、16 号。由于 15 号并没有显示在字号选择区中，新媒体文案写作人员可以直接在字号选择区中手动输入。秀米编辑器中同样可以直接手动输入"15"进行编辑，如图 7-38 所示。

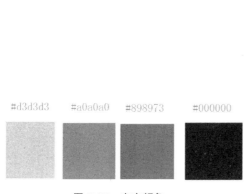

图 7-37　文字颜色

图 7-38　设置字号

（3）行间距。行间距是文本中上下行之间的距离。行间距的变化也会对文字的可读性产生很大影响。一般情况下，接近字体尺寸的行间距设置比较适合正文。由于 PC 端默认的行间距在手机上使上行与下行显得较为拥挤，所以可以先按 Ctrl+A 组合键全选正文，再把行间距设置为 1.5 倍或 1.75 倍，这样的视觉效果较佳。秀米编辑器同样支持设置行间距，如图 7-39 所示。

图 7-39　设置行间距

（4）段间距。段间距是上下段之间的距离，包括段前距和段后距。当将字号设置为 15 号时，正文段前距或段后距设置为 10 磅或 15 磅较为合适，这样阅读体验较好。

2. 适当优化排版

在遵守以上基础排版规则的基础上，可以对排版进行适当优化，这样做主要有以下两个目的。

（1）突出品牌形象。统一使用独特的排版，会让用户产生亲切感，并熟悉品牌风格。无论文案出现在微信朋友圈、微信群，还是被转载，有特色的排版会被用户第一时间认出。

（2）促进转化。好的排版可以突出重点，辅助内容引导用户做出相应的动作，如关注、转发、购买、点赞等。

3. 避免过度排版

排版的目的在于提升阅读体验，优化排版后的文字会让用户读起来流畅，理解起来容易。但过度排版会让用户把注意力放在排版上，过于花哨的排版甚至会引起用户的反感。

常见的过度排版共有 4 类，包括动态背景杂乱、颜色过多、风格不定、样式繁杂，这些在排版时应尽量避免。

4. 让文字清晰且配色合理

文字是帮助用户与新媒体进行信息交互的重要手段，因此强调文字的易读性和易辨认性是设计新媒体页面时的重点。不同的字体会营造出不同的氛围，不同的字号和颜色也会对内容起到不同的强调或提示作用。

正确的文字和配色方案是好的视觉设计的基础。虽然新媒体平台上的文字受屏幕分辨率和浏览器的限制，但仍有一些通用的准则：文字必须清晰可读、大小合适，文字的颜色和背景色应有较为强烈的对比，文字周围的设计元素不能对文字造成干扰。

7.4.4 新媒体图片排版

新媒体图片排版是对图片进行有组织和有目的的编排，以吸引用户的注意力，传达特定的信息或情感。排版恰当的图片是新媒体文案的重要组成部分，能够为用户带来更为直观、生动和富有吸引力的阅读体验。

1. 新媒体图片排版的原则

（1）简洁明了。新媒体图片排版应尽可能简洁明了，避免过多的元素和色彩干扰用户的视线；同时，要确保图片与文字高度匹配，以及信息被准确传达。

（2）突出重点。在排版过程中，应突出图片中的重点元素，如促销信息、宣传口号、产品等，以便用户快速捕捉到关键信息，如图 7-40 所示。

图 7-40　突出重点

（3）视觉平衡。新媒体图片排版应保持视觉平衡，避免版面过于拥挤或空旷。调整图片的大小、位置和颜色等元素可使整个版面看起来和谐统一。

2．新媒体图片排版的技巧

（1）选择合适的图片。选择与文字高度匹配的图片，能够更好地传达信息；同时，要注意图片的质量和清晰度，确保用户能够清晰地看到图片中的细节。

（2）合理布局。根据文字和主题，合理安排图片的位置和大小，如图 7-41 所示。调整图片的角度、倾斜度等元素可使整个版面看起来更加生动有趣。

（3）运用色彩。色彩在新媒体图片排版中具有重要的作用。运用不同的色彩可以营造不同的氛围和表达不同的情感，吸引用户的注意力。

（4）注重细节。在排版过程中，要注意对细节的处理，如文字与图片的搭配、图片与背景的融合等，处理好这些细节能够提升整个版面的品质和美感。

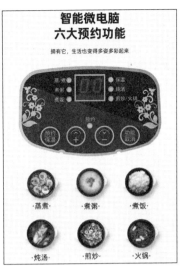

图 7-41　合理布局

 素养课堂

使用新媒体图片避免侵权

在一些购物网站上，商家发布商品时通常会使用图片来展示商品或服务的特点和优势。这些图片可能是商家自己拍摄的，也可能是从其他渠道获得的。无论是哪种情况，商家都需要确保图片的使用是合法的，不侵犯他人权利。

对于商家来说，避免侵权的最好方法是购买正版的图片或与图片拥有者签订合作协议，获得图片的合法使用权利。这样不仅可以避免侵权，还可以提升商家的形象和信誉。

对于用户来说，如果在购物过程中发现商家使用了侵权的图片，可以向平台投诉或举报该商家。平台会对商家进行调查，如果确实存在侵权行为，平台将采取相应的处罚措施，包括下架商品、封禁账号等。

除了商家和消费者的主动行为，平台也有责任加强对盗图行为的监管。平台可以加强对商家使用图片的审核，确保图片的合法性；同时，也可以建立举报机制，鼓励用户积极举报侵权行为，及时处理侵权投诉。

本章实训

设计产品文案图片

产品文案图片设计已经成为新媒体文案写作人员必不可少的一项技能。好的产品文案图片不仅能够吸引消费者的注意力，提高转化率，还能够展示产品的独特卖点，提升品牌的知名度和信誉度。本章实训将通过重点讲解如何设计产品文案图片来帮助读者掌握这项实用技能。

【实训要求】

（1）在 Photoshop 中置入产品图片，确保产品图片的位置和比例合适。

（2）在产品图片周围添加文字，确保文字与产品相关，同时考虑字号、颜色和位置，以使文字易于阅读。

【实训内容】

（1）启动 Photoshop，打开"背景"图片，如图 7-42 所示。

（2）单击"文件"→"置入嵌入的对象"命令，在弹出的"置入嵌入的对象"对话框中选择要置入的图片"面包"，单击"置入"按钮，如图 7-43 所示。

图 7-42 打开图片

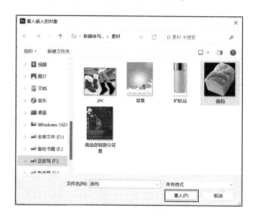

图 7-43 置入图片

（3）利用图片边框处的小方块，按比例调整产品图片的大小，调整后的效果如图 7-44 所示。

（4）单击"图层"→"图层样式"→"外发光"命令，在弹出的"图层样式"对话框中设置不透明度为"40%"，颜色为"黄色"，大小为"100 像素"，范围为"50%"，如图 7-45 所示。设置"外发光"样式后的效果如图 7-46 所示。

图 7-44 调整后的效果

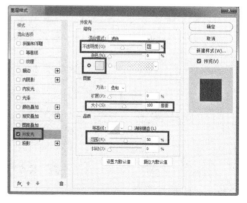

图 7-45 设置"外发光"样式

（5）选择工具箱中的"圆角矩形工具"，在文档窗口中绘制圆角矩形，在"属性"面板中设置圆角矩形的填充颜色为"橙色"，描边宽度为"1 像素"，半径为"10 像素"，如图 7-47 所示。

（6）单击"图层"→"图层样式"→"描边"命令，在弹出的"图层样式"对话框中设置大小为"2 像素"，填充颜色为"黄色"，如图 7-48 所示。设置"描边"样式后的效果如图 7-49 所示。

图 7-46　设置"外发光"样式后的效果

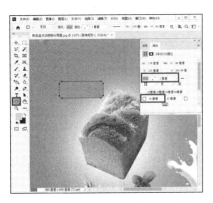

图 7-47　绘制圆角矩形并设置属性

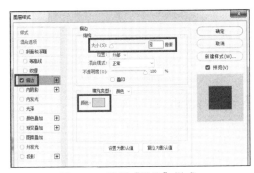

图 7-48　设置"描边"样式

图 7-49　设置"描边"样式后的效果

（7）复制多个圆角矩形并调整其位置，如图 7-50 所示。

（8）在各个圆角矩形内输入相应的文字，在"属性"面板中设置文字属性，效果如图 7-51 所示。

图 7-50　复制多个圆角矩形并调整位置

图 7-51　输入文字并设置文字属性

思考与练习

一、填空题

（1）常用的新媒体信息采集工具有＿＿＿＿＿＿＿、＿＿＿＿＿＿＿、＿＿＿＿＿＿＿、
＿＿＿＿＿＿＿、＿＿＿＿＿＿＿等。

（2）以微博、微信、今日头条、抖音为代表的＿＿＿＿＿＿＿也是新媒体文案写作
人员获取信息的重要渠道。

（3）在手机端可以使用＿＿＿＿＿＿＿等 App 剪辑短视频，在 PC 端可以使用
＿＿＿＿＿＿＿剪辑短视频。

二、选择题

（1）（　　）包括国家及其所属各部门制定的各项政策和措施。

    A．政策渠道　　　　B．统计渠道　　　　C．科技渠道　　　　D．市场渠道

（2）（　　）是对互联网信息资源进行搜索、整理和分类，并将其储存在网络数据
库中供用户查询的系统。

    A．网络数据库　　　B．搜索引擎　　　　C．采集软件　　　　D．专业网站

（3）（　　）是网页设计与制作领域用户多、应用广、功能强大的一款软件。

    A．Word　　　　　B．PowerPoint　　　C．Dreamweaver　　D．壹伴编辑器

（4）以下关于新媒体文字排版的说法中，不正确的一项是（　　）。

    A．较大的字号可用于标题或其他需要强调的地方

    B．段间距是上下段之间的距离，包括段前距和段后距

    C．排版的目的在于提升阅读体验

    D．文字的颜色越丰富越好

三、思考题

（1）新媒体信息采集渠道有哪些？

（2）新媒体图文排版的常用工具有哪些？

（3）新媒体图片排版的原则有哪些？

（4）新媒体图片排版的技巧有哪些？

第8章

新媒体文案传播

随着新媒体的飞速发展，新媒体文案的传播方式从传统的企业单向传播转变为现在的用户和企业的双向传播。这种转变不仅让优质的新媒体文案更容易被用户接受，甚至引发了用户的主动转发，从而扩大了新媒体文案的传播范围。本章将介绍新媒体文案传播的特点、新媒体文案传播技巧、新媒体文案传播注意事项，以帮助新媒体文案写作人员写出更易传播的新媒体文案。

知识目标

☑熟悉新媒体文案传播的特点。

☑熟悉新媒体文案传播注意事项。

☑掌握新媒体文案传播技巧。

引导案例　美食之旅，健康相伴

某食品品牌在新媒体平台上发布了一篇名为"美食之旅，健康相伴"的新媒体文案。该文案通过展示该品牌食品的种类、产地、口感等特点，吸引了大量用户的关注和分享。同时，该文案还介绍了该品牌的健康理念和饮食文化，引起了用户的共鸣。最终，该文案取得了良好的品牌传播效果和用户互动效果。

该文案具体如下。

随着人们生活水平的提高，享受一段美食之旅已经成为许多人放松身心、体验异国文化的重要方式。然而，人们在享受美食的同时，也要关注健康问题。接下来将带你体验一场充满乐趣的健康美食之旅。

（1）健康美食之旅，从选择健康食材开始。选择健康食材是开始美食之旅的关键。选择新鲜、有机、无添加的健康食材，是保证健康饮食的基础。在旅行时，不妨尝试当地特色的有机食品，如新鲜水果、蔬菜、粗粮等，这些食物富含营养，有助于保持身体健康。

（2）合理搭配，营养均衡。美食之旅中，合理搭配食物是保持健康的关键。尝试将不同的蔬菜、水果、谷物等食物搭配在一起，这样既能保证食物的多样性，同时也能摄入各种营养素。

（3）烹饪方式的选择。烹饪方式对食物的营养成分有很大影响。尽量选择蒸、煮、炖等健康的烹饪方式，避免油炸、烧烤等高热量、高油脂的烹饪方式。同时，选择健康的调料，如橄榄油、柠檬汁、香草等，为美食增添风味的同时也能让我们保持健康。

（4）适量运动，保持活力。美食之旅中，适量运动是保持身体健康的重要一环。在享受美食的同时，不妨抽出时间进行户外运动，如散步、慢跑等，这样既能保持身体健康，又能欣赏美丽的风景。

让我们在享受美食的同时，不忘关注健康问题。通过选择健康食材、合理搭配食物、采用健康的烹饪方式、适量运动等方式，我们可以在美食之旅中收获健康和快乐。让我们一起开启美食之旅，尽享健康人生！

思考与讨论

（1）该新媒体文案为什么会引发传播？

（2）新媒体文案传播的特点有哪些？

8.1　新媒体文案传播的特点

随着互联网技术的飞速发展，新媒体文案传播已成为当今社会信息传播的重要方式之一。新媒体文案传播具有鲜明的特点，其中最显著的特点是符号化、价值化和附着力。

课堂讨论

（1）想一想你知道的那些传播范围比较广的文案都在哪些平台传播。

（2）这些传播性强的文案有哪些特点？

8.1.1　符号化

新媒体文案传播中的符号化是指通过文字、图片、视频等视觉元素，将信息转化为视觉化的符号后，以更直观、更具象的方式传递给用户。这种方式不仅能使新媒体文案更加生动、有趣，吸引更多的关注，还能在一定程度上提高信息的传播效率。新媒体文案中的符号可

符号化

以是变形的文字、重组的图片、剪辑的视频等，它们通过独特的视觉效果，传达出更丰富的内涵和意义。

下面将从符号的种类、符号的功能和符号的设计3个方面对符号化进行介绍。

1. 符号的种类

在信息表达和传播中，符号至关重要。它们可以简洁明了地传达复杂的信息，帮助人们快速理解事物的本质。

根据符号辨别方式的不同，可以将符号分为视觉符号、听觉符号、触觉符号、味觉符号和嗅觉符号 5 种。

（1）视觉符号。视觉符号是通过视觉感官传递信息的符号，如图像、颜色等。视觉符号是人们日常生活中最常见的符号之一，它们能够通过视觉刺激直接传达信息，因此在各种场合和领域中都有广泛的应用。它们可以通过外在形式使人们产生视觉联想。例如，用户在看到企鹅形象时，很容易联想到腾讯 QQ。此外，它们还能引起人们的情感共鸣。

（2）听觉符号。听觉符号能够通过听觉刺激传递信息，在人们的日常生活中有着广泛的应用，如乐器演奏、电影配乐等。听觉符号通常与情感和情境紧密相连，能够让用户产生情感共鸣和情绪变化。用户对声音有印象时，只要听到相关的内容就会联想到产品或品牌。例如，用户听到"今年过节不收礼"时，就会自然联想到"脑白金"这个品牌；用户在工作时"困了累了"，就会联想到"红牛"这个品牌，如图 8-1 所示。

（3）触觉符号。触觉符号是通过触觉感官传递信息的符号，如温度、质地、压力等。触觉符号在人们的日常生活中也有着广泛的应用，如触摸屏、手工艺品等。不同种类的产品有不同的质感，如毛绒玩具摸起来柔软。

（4）味觉符号。味觉符号能够通过味觉刺激传递信息，使人们感受到食物和饮料的美味。用户一直认准老干妈辣椒酱（见图 8-2）的味道，这说明老干妈辣椒酱的味道已成为用户心中的一个"味觉符号"。

图 8-1　红牛品牌

图 8-2　老干妈辣椒酱

（5）嗅觉符号。嗅觉符号能够通过嗅觉刺激传递信息，使人们感受到气味的美妙和独特性。嗅觉符号在人们的日常生活中也有着广泛的应用，如香水、空气清新剂等。对于一部分品牌而言，嗅觉的刺激更能激发人们的购买欲。例如，某航空公司邀请著名的香味定制企业为其设计了一款香水，该香水不仅被空姐使用，还被喷在发放给每位乘客的热毛巾上，其味道散发至机舱的各个角落。这款特制香水被该航空公司注册专利，成为其独特的品牌标识。

2. 符号的功能

符号无处不在，从最简单的文字到复杂的图像，符号是我们理解和交流信息的重要工具。对于产品或品牌来说，符号化是一种强大的策略，它可以使产品或品牌在众多的竞争者中脱颖而出。当一个产品或品牌的符号被广泛接受并成为其代名词时，用户在提及这个符号时，会首先想到该产品或品牌。形成这种认知过程的基础是符号的3个主要功能：指称识别、压缩信息和行动指令。

（1）指称识别。一个符号，无论是文字还是图像，首先都需要能够明确地指代某一事物或概念。对于产品或品牌的符号来说，它必须准确地反映该产品或品牌的核心价值和特性。例如，"毛衣""梳子""暖水袋"等指代的就是特定的一类物品。

（2）压缩信息。符号的压缩信息功能使得用户可以更简洁地传达和理解信息。通过使用符号，用户可以省略大量的语言，直接传达他们的想法和感受。对于产品或品牌来说，符号化就是将产品或品牌的各种特性、优点和价值压缩成一种简洁、易于理解的象征。

（3）行动指令。符号的行动指令功能是指符号可以激发用户的情感和行为反应。一个好的符号设计可以引起用户的共鸣，激发他们的购买欲望，甚至改变他们的行为。对于某个产品或品牌来说，如果其符号被用户接受并喜爱，那么用户可能会更愿意尝试这个产品或品牌，甚至向其他人推荐这个产品或品牌。例如，App 消息页面中的红点或数字通常会促使人们点击相应部分，查看具体消息。

符号能够体现品牌的价值，帮助用户识别品牌，不仅可以提高品牌的认知度，还可以提高用户对品牌的忠诚度，影响用户对品牌的印象，甚至可以引导用户对品牌产生好感，进而产生消费行为，等等。例如，腾讯视频以视频播放/暂停键作为品牌标志，使用户在看到该符号时，不仅容易联想到腾讯视频，还容易产生想要点击该符号播放视频的想法，从而提高用户对腾讯视频的使用率。

3. 符号的设计

符号并不仅仅是一个简单的标签或标志，而且是一种更深层次的、能够代表产品或品牌特性的象征。要想将产品或品牌符号化，并使用户将该产品或品牌与符号联系起来，就需要对符号进行设计。设计符号时，新媒体文案写作人员需要采用运用已知符号、借助颜色、选择动物符号等方法。

（1）运用已知符号。在符号设计中，新媒体文案写作人员常常会运用一些已经被用户所接受的符号。巧妙地运用已知符号，如具象化的事物、人格化的形象和符合行业特性的词汇等，可以帮助用户理解新媒体文案的主题，从而有利于新媒体文案的传播。

● 具象化的事物。具象化的事物是指在日常生活中，能够引起用户联想的一些具体事物，这些事物可以用于产品或品牌的名称、形象的符号化，让用户将其与产品或品牌联系在一起，从而更好地理解产品或品牌想要表达的内容。

海底捞标志十分巧妙地结合 "Hai" 与 "Hi"。"Hi" 是一个人人都看得懂，并且几乎不会产生理解偏差的符号。海底捞将 "Hi" 与品牌相结合，将字母 "i" 设计成具象的辣椒形状，从而形成专属自己的品牌符号，图 8-3 所示为海底捞标志。同时，这个标志还能够被轻易地描述出来，使所有人都能明白，这瞬间将沟通成本降到了最低。这个标志让海底捞成功地把自己拟人化了，让海底捞仿佛以一个好朋友的身份出现在所有顾客面前，与顾客打招呼。

图 8-3　海底捞标志

● 人格化的形象。人格化的形象是指那些具有人格化特点的符号，如卡通形象、知名人物等。这些形象通常能够吸引用户的注意力，引起用户的情感共鸣。例如，许多食品品牌会选择使用可爱的卡通形象来展示食品的口感和营养价值。此外，一些品牌还会选择与知名人物合作，通过他们的口碑和影响力来传播品牌信息。这种方式能够使品牌形象更加生动有趣，提高用户的忠诚度。采用人格化的形象也可以将产品或品牌的人格化特征表现出来。

海尔兄弟就是海尔人格化的形象，也是海尔品牌形象的视觉象征。它以独特的设计理念和巧妙的符号语言将海尔的品牌精神与企业的核心价值融合在一起，展示了海尔独特的企业文化和价值观。

● 符合行业特性的词汇。每个行业都有自己特定的词汇，这些词汇能够帮助用户更好地理解行业内的专业知识和信息。

对于科技行业，文案可以使用 "创新""智能""高效" 等词汇；对于时尚行业，文案可以使用 "潮流""时尚""独特" 等词汇；对于食品行业，文案可以使用 "美味""健康""新鲜" 等词汇。这些符合行业特性的词汇不仅能够使文案更加贴切、专业，帮助用户理解文案的主题，还能够体现品牌的专业性和权威性，增强用户对产品或服务的信任感和认同感。

!!! 提示与技巧

新媒体文案写作人员可以将具象化的事物、人格化的形象、符合行业特性的词汇相互结合，设计出吸引人的符号。

（2）借助颜色。颜色具有强大的视觉冲击力。颜色的选择可以直接影响人们的情绪，也可以塑造品牌的个性。鲜艳、明亮的颜色，如橙色和黄色，常常能够吸引人们的注意力，带来强烈的视觉冲击，这也是许多品牌选择这些颜色作为其专属色的原因。

图 8-4 所示为蓝色的饿了么标志，这种颜色给人一种冷静、专业、可靠的感觉，同时又显得十分亲切，让人感到舒适。这种颜色有效地强化了饿了么的品牌形象，使其在众多外卖品牌中脱颖而出。图 8-5 所示的黄色的美团外卖标志充满了活力，给人一种积极、热情的感觉。黄色在视觉上具有强烈的吸引力，能够迅速吸引人们的注意力。美团外卖的黄色标志无疑是其品牌形象的重要组成部分，使其成功地与其他外卖品牌的标志区分开来。

图 8-4　蓝色的饿了么标志　　　　　　　　图 8-5　黄色的美团外卖标志

（3）选择动物符号。许多企业选择将可爱的动物作为其企业形象的象征，如天猫选择猫，京东选择狗，苏宁选择狮子，携程选择海豚，等等。这些动物符号不仅代表了企业的某种特性，而且赋予了动物人格化的属性，使得企业形象更加生动有趣，从而使用户产生亲切感和温暖感。

作为中国最大的电商平台之一，天猫选择了一只可爱的猫作为其品牌象征，如图 8-6 所示。这只猫不仅代表了天猫"时尚、高品质、潮流"的品牌定位，而且通过拟人化的方式，营造出一种亲切、温馨的氛围。这只猫的形象深入人心，既是天猫的象征，也是用户心中一个可爱的伙伴。

图 8-6　天猫选择猫作为其品牌象征

8.1.2　价值化

在日常生活中，人们通常会愿意将自己体验过的、认为对朋友有益的内容分享出来，这恰恰表明具有传播性的新媒体文案具有价值化的特点。新媒体文案的价值并不仅仅在于文字的吸引力，还在于其所传递的信息具有实用性和深度。本小节将从满足用户自我认同的心理需求、打破思维定式、运用社会比较、提供实用价值和增强归属感 5 个方面，介绍实现新媒体文案价值化的方法。

1. 满足用户自我认同的心理需求

用户在分享观点、进行交流时，通常带着一种希望能够实现自我认同的心理需求，希望自己的观点和行为得到他人的认同和赞赏。而传播性强的新媒体文案通常能够满足用户的这种需求。这类文案常会塑造一种与用户相似的形象，从而引起用户的共鸣，促使用户将新媒体文案分享出去。在撰写新媒体文案时，应关注用户的需求和期待，以用户为中心，让用户对文案内容产生共鸣。

2. 打破思维定式

很多新媒体文案之所以无法引起用户的兴趣，通常是因为缺乏创新性。打破思维定式，可以让新媒体文案更有吸引力和影响力。有趣的比喻、故事、案例等可以让新媒体文案更生动、更具趣味性，引导用户打破传统思维、开阔视野。

在手机充电时间还是以小时为单位衡量的时候，OPPO 率先提出了"充电 5 分钟，通话 2 小时"的概念，如图 8-7 所示，打破了用户对手机充电时间的思维定式，引起了众多用户的好奇心。

图 8-7　OPPO "充电 5 分钟，通话 2 小时"

3. 运用社会比较

人们通常会通过与其他人的比较来衡量自己的价值和地位。新媒体文案写作人员在撰写新媒体文案时，可以运用社会比较的方法，通过与其他类似产品的比较，突出自己产品的优势和特点，将新媒体文案价值化，让用户更容易接受并认可这款产品；同时，也可以邀请用户参与活动，让他们在与其他人的互动中感受到自己的价值和地位。

某知名运动品牌为了提高品牌知名度和增加市场份额，决定运用社会比较的方法写作新媒体文案。首先，该品牌通过社交媒体平台发布了一系列对比图片，展示了不同年龄、性别和运动水平的用户使用产品的场景。这些图片旨在引起用户的共鸣，让他们觉得自己与品牌之间存在着某种联系。其次，该品牌在社交媒体平台上发起了一项名为"寻找身边的运动达人"的活动，邀请用户分享自己的运动故事和成果，与其他人进行比较和交流。最后，该品牌通过数据分析，对参与活动的用户进行奖励，以激励更多用户参与。

活动结束后，该品牌收集到了大量的反馈和数据。结果显示，该策略有效地提高了品牌知名度和产品销量。更重要的是，用户对该品牌的认同感和归属感明显增强，许多用户表示愿意成为该品牌的忠实粉丝。

4. 提供实用价值

新媒体文案的价值在于为用户提供实质性的帮助和实用价值。因此，在撰写新媒体文案时，应关注用户的需求和痛点，提供实用的信息和服务，帮助用户解决问题，以促使用户分享新媒体文案，扩大新媒体文案的传播范围，从而获得更好的营销效果。例如，可以分享一些实用的产品使用技巧、产品或服务挑选技巧，或进行用户疑难解答等，让用户感受到产品或服务确实能够满足他们的需求。

此外，为用户提供实用价值也是利他心理的一种表现。利他心理是一种从给予他人利益的角度出发而不求回报的心理。提供实用价值的新媒体文案既能够与用户身边的亲人、朋友契合，也能够提高用户分享新媒体文案的概率。

例如，新媒体文案《超级有意思且非常实用的心理学小技巧》就是通过介绍一些在日常生活中有用的心理学小技巧，为用户提供实用价值。

5. 增强归属感

归属感是指用户与所属群体之间的一种内在联系。新媒体文案写作人员可以通过建立与用户的联系、加强与用户的联系和与现实生活融合 3 种方法，培养用户的归属感，拉近与用户之间的距离，增强用户黏性。

（1）建立与用户的联系。新媒体文案写作人员通过创作与用户人格、兴趣、世界观、人生观、价值观等契合的新媒体文案，触动用户的内心，引起用户的共鸣，并帮助他们在浩瀚的信息海洋中找到归属感。

（2）加强与用户的联系。当用户与产品或品牌产生联系后，新媒体文案写作人员就应该加强这种联系，全面地考虑用户需求，清除用户在阅读过程中的障碍，使用户更容易获取新媒体文案中呈现的内容，产生一种产品或品牌理念与自身看法十分契合的感觉，从而增强用户黏性。

（3）与现实生活融合。新媒体文案写作人员可充分考虑用户在实际生活中的情景，将其融入新媒体文案，使用户产生共鸣并加深对新媒体文案的理解，进而产生归属感。

8.1.3 附着力

附着力即两种不同物质之间相互的吸引力，它能够将新媒体文案所表达的信息植入用户的大脑，让该信息被用户理解、记忆，并持久地对用户产生影响。因此，附着力也可称为黏性，它对于新媒体文案的传播具有重要意义。为了增强新媒体文案的附着力，新媒体文案写作人员可以从以下几个方面着手。

1. 提炼文案核心信息

新媒体文案作为品牌与用户之间的桥梁，起着至关重要的作用。优秀的新媒体文案不仅能传递产品或品牌的核心信息，更能触动用户的内心，增强产品或品牌的附着力。在这个过程中，提炼产品或品牌的核心信息并将其作为新媒体文案的主题是一个关键的策略。

在新媒体文案写作中，要将简单的原则更好地执行下去，可参考《简单的力量：穿越复杂正确做事的管理指南》一书中给出的 10 种方法。

（1）保持句子简短。

（2）用简单的词，不用复杂的词。

（3）选熟悉的词。

（4）避免不必要的词。

（5）用动词做谓语。

（6）口语化。

（7）用用户可以理解的术语。

（8）结合用户的经验。

（9）充分利用词语多样性。

（10）以表达为目的，而非以吸引用户为目的。

假设我们是一家户外运动品牌的文案团队，要创作一篇新媒体文案，该文案的核心信息是"挑战自我，享受自然"。在创作该新媒体文案时，可以这样操作。

（1）文案标题："户外探险，与自然共舞"。通过拟人化的手法，突出产品的自然属性。

（2）正文内容："在这个繁忙的世界里，我们渴望与大自然亲密接触，感受它的神秘和魅力。我们的户外装备正是为了满足这种渴望而设计的。它们不仅具备高性能，更融入人体工程学设计，让我们在运动的同时，感受到无与伦比的舒适。挑战自我，享受自然，让我们一起在户外发现更多可能！"

这篇新媒体文案可以将品牌的核心信息传达给潜在用户，并激发他们的购买欲望。在新媒体文案中可以搭配美丽的户外风景图片，以及户外装备的图片，以增强视觉冲击力，提高用户的关注度。

2．辅助用户理解记忆

当新媒体文案写作人员写作新媒体文案时，如何帮助用户在繁杂的信息中捕捉并记住产品或品牌的信息呢？答案是：借助记忆点。记忆点是用户理解和记忆新媒体文案的关键。它像一把钥匙，打开用户的心门，让他们能够迅速理解并记住产品或品牌。当用户在日常生活中提及产品或品牌时，记忆点能够唤起一系列具象化的记忆，如生动的场景、真挚的情感等，这些记忆将帮助用户快速联想到产品或品牌。

3．用意外事件抓住用户

在这个信息爆炸的时代，我们每天都会被大量的信息包围，而新媒体文案要在这片信息海洋中脱颖而出，就需要打破常规，用意外事件紧紧抓住用户的注意力。意外事件通常能够让用户感到惊讶，让用户集中注意力思考。惊讶能够使用户产生探索和挖掘事件背后原因的欲望，并对这个事件的其他可能性进行想象和思考。

那么，怎么做才会让用户感到惊讶呢？主要有以下 3 个要点。

（1）确定你要传达的中心信息，即找到核心信息。

（2）找到信息中违背直觉的部分。核心信息中令人惊讶的是什么？为什么事件现在并没有照此发展？

（3）设计文案以打破用户的预期思维模式。新媒体文案写作人员可以通过提出一个意想不到的事实或统计数据来打破用户的预期思维模式。新媒体文案一旦打破了用户的预期思维模式，就要提供合理的解释，帮助他们理解为什么之前的认知是不完整的或是错误的。

海底捞，这家知名的火锅店，以其优质的服务而闻名，服务员提供的优质服务往往出乎意料，但却让人感到非常满意。顾客对优质服务的理解通常局限于微笑、热情地招呼顾客等。然而，如何打破这种原有的认知，以另一种全新的认知取而代之呢？这就需要依靠一些细节性的、令人意外的服务举动。

例如，一位顾客在用餐过程中发现自己的眼镜布不见了，服务员立刻从口袋里拿出一块干净的眼镜布递给顾客，这让顾客非常感动。这种细节性的服务让顾客感到非常贴心和温暖。

4. 引导用户互动

新媒体文案无论是文字、图片、视频还是音频，都需要通过互动来增强其影响力。互动不仅能让用户更好地理解新媒体文案，还能加深他们对新媒体文案的印象，提高他们分享的概率。通过引导性话语和问题，新媒体文案写作人员可以激发用户的参与热情，引导用户发表自己的看法，从而形成话题讨论，使新媒体文案的关注度进一步提升。

图 8-8　引导用户互动的视频文案

新媒体文案写作人员可以在新媒体文案的结尾部分，利用一些引导性的话语，如"你有什么想法？""你觉得呢？"等，引导用户互动。图 8-8 所示为引导用户互动的视频文案。

8.2　新媒体文案传播技巧

要想获得更好的营销效果，新媒体文案写作人员除了要掌握写作技巧，还需了解并运用好传播技巧。通过唤醒用户痛点、重复核心语句、加强口语化表述和善用语法引导等技巧，新媒体文案写作人员可以更好地扩大新媒体文案的传播范围，提升营销效果。

新媒体文案传播技巧

📋✓ **课堂讨论**

（1）新媒体文案传播技巧有哪些？

（2）你会通过哪些方式传播新媒体文案？

8.2.1　唤醒用户痛点

在撰写新媒体文案时，首先要了解用户的痛点，包括困扰、疑虑和需求等，并将这些痛点作为新媒体文案的核心主题。要想唤醒用户的痛点，新媒体文案写作人员可以从用户的角度出发，细分目标用户、理解用户需求并找到合适的切入点。

1. 细分目标用户

新媒体文案写作人员需要深入了解自己的目标用户。他们是谁？他们有什么样的需求？他们面临什么问题？要想增强新媒体文案的传播性，新媒体文案写作人员需要对目标用户进行细分，了解目标用户的特征，确定其痛点。

2. 理解用户需求

理解用户需求是唤醒用户痛点的基础。每个用户的需求都是独特的，新媒体文案写作人员需要仔细倾听，理解他们的困扰和期望。只有真正理解了他们的需求，才能找到最合适的切入点，引起他们的共鸣。例如，如果用户的需求是更好地规划时间，提高工作效率，你的解决方案是提供一款高效的时间管理工具，那么你可以在文案中强调这款工具将如何帮助用户更好地规划时间，提高工作效率。

新媒体文案写作人员在分析用户需求时，可以通过问卷调查、一对一沟通等方式，了解用户对产品或品牌的意见等，从产品或品牌本身出发，分析用户的深层动机。

3. 找到合适的切入点

找到合适的切入点是唤醒用户痛点的关键。切入点可以是用户的问题、需求、情感或习惯等，应该具有针对性，能够直接触及用户的痛点，引起他们的共鸣。

在唤醒用户痛点时，新媒体文案写作人员应针对用户的不同心理，找准切入点，以便更贴近用户的真实痛点。一般来说，用户心理包括补偿心理、比较心理、两难心理、一致性心理、择优心理和优越心理。

在新媒体文案发布后，新媒体文案写作人员还可以结合已达到的效果，对文案中的用户痛点进行复盘，思考文案是否点明了产品或品牌的特别之处，是否能够吸引用户进行转发、分享，产品或品牌是否拥有专属性，即是否专属于某一类数量有限的人群。

8.2.2　重复核心语句

一篇好的新媒体文案应该有一个醒目的核心语句，它应该能够概括整篇文案的核心信息，并能够吸引用户的注意力。

在新媒体文案中，不断重复核心语句，可以减缓用户对新媒体文案的遗忘速度，使用户对产品或品牌印象深刻。一般来说，新媒体文案可以对核心语句和高频率语句这两类语句进行重复，以加深用户的印象。

8.2.3　加强口语化表述

口语化表述，简单来说，就是借助用户熟悉的、常用的语句和表达方式，对新媒体文案进行创作。它鼓励新媒体文案写作人员用更自然、更贴近生活的语言来写作新媒体文案。这样的表达方式不仅能让新媒体文案更易读、易懂，更能使用户在阅读过程中产生共鸣，从而让他们更容易联想到产品或品牌，更愿意分享和传播这些新媒体文案。这样一来，产品或品牌就能在不同用户之间进行传播。

在对新媒体文案进行口语化表述时，新媒体文案写作人员应注意遵循短促、简单和非形式化的原则，使文案语句更容易被用户理解。

（1）短促。短促是指长度短、语气肯定且节奏强。这种语言特点在新媒体文案中尤为常见，因为它们能有效地传达信息，引起用户的注意，并激发他们的情感反应。短促的语句能够提高新媒体文案的可信度，使用户更容易接受新媒体文案所描述的内容，从而产生浏览与转发的行为。例如，某旅游公司的推广文案"世界那么大，你想去看看吗？我们带你去！"就是利用短促的语句获得用户的信任，吸引用户的注意力。

（2）简单。简单是指用词简单明了，符合用户日常生活中的用语习惯，这样更容易引起用户的好感。例如，"这样吃鱼真是方便又实惠"就比"简单实惠的鱼类做法"更加符合用户在日常生活中的用语习惯。

（3）非形式化。非形式化并非摒弃所有的规范和约束，而是强调新媒体文案的口语化表达，即新媒体文案的用语不拘泥于语法，而采用口语化的形式，使用户更容易理解新媒体文案的内容。为了更好地传达信息，新媒体文案写作人员需要在创作新媒体文案时将其融入日常生活场景中，通过对话的方式，将新媒体文案口语化。这样的方式不仅可以提升用户对新媒体文案的好感度，还能让用户感到亲切，从而提高用户对品牌的忠诚度。

一般来说，利用口语化表述加强新媒体文案的传播，需要注意新媒体文案应易听、易记、易读、易理解、易传播。

以下是一篇具有口语化风格的新媒体文案示例。

今天天气真好！你穿上漂亮的小裙子，走到户外感受阳光的温暖，突然发现一只可爱的小狗对着你摇摇尾巴，你心里顿时觉得好开心啊！

这篇新媒体文案使用了简单明了的语言、贴近生活的词汇和表达方式，同时注重情感的表达。用户在阅读过程中能够感受到作者的喜悦和快乐，从而产生共鸣。

8.2.4　善用语法引导

为了增强新媒体文案的传播性，新媒体文案写作人员需要采取一些策略，其中语法引导是一种非常有效的方法。通过语法引导，新媒体文案写作人员可以使用户更愿意分享新媒体文案，从而提升新媒体文案的可见度和影响力。

1. 采用陈述句引导

陈述句通常用于陈述事实或表达看法。在新媒体文案中，陈述句可以增强文案的说服力，使用户更容易接受。

例如，"我们的松茸，自然生长在未受污染的高山森林中，为您带来最纯净的味觉享受。"这样的陈述句可以引起用户的兴趣，并引导他们进一步了解更多信息。

!!!提示与技巧

　　新媒体文案写作人员可以利用陈述句将产品或服务的细节描述出来，丰富新媒体文案的内容，增强其说服力。

2. 采用动宾结构的语句引导

　　动宾结构主要是由动词和宾语两个部分组合而成的语法结构。新媒体文案写作人员利用动宾结构可以使新媒体文案的语言更加具有传播性，也可以使新媒体文案在传播时更加容易吸引用户的注意力，增加新媒体文案的浏览量，促使用户产生消费行为。

　　动宾结构的新媒体文案能够引导用户采取行动。例如，"现在就下载我们的应用程序，享受无限便利！"

　　动宾结构的新媒体文案也可以通过提供解决方案来吸引用户的注意力，并促使他们分享。例如，"你的网站访问量下滑？试试我们的 SEO 服务，让更多用户找到你！"

8.3　新媒体文案传播注意事项

新媒体文案传播
注意事项

　　一篇高质量的新媒体文案，无论其内容多么出色，如果在传播过程中忽视了关键的注意事项，就可能影响传播效果。以下是新媒体文案传播过程中需要注意的事项。

📋🔍 **课堂讨论**

　　（1）如果你是新媒体文案写作人员，选择新媒体文案传播平台时需考虑的关键要素有哪些？

　　（2）你和身边的朋友一般喜欢在哪个时间段浏览新媒体平台？

8.3.1　选择新媒体文案传播平台时需要考虑的关键要素

　　新媒体的快速发展为新媒体文案的传播提供了更多的渠道和平台，它们都为新媒体文案的传播提供了广阔的空间。企业可以通过这些平台发布内容，与用户进行互动，甚至引导用户进行讨论和分享。这种多渠道的传播方式不仅可以提高新媒体文案的曝光率，还能提高品牌的知名度和影响力。

　　在选择新媒体文案传播平台时需要考虑的关键要素如下。

1. 目标受众

　　选择平台时应考虑目标受众，了解目标受众的年龄、性别、地域、职业等信息，选择与他们的兴趣、需求和习惯相符的平台。例如，如果目标受众是年轻人，那么抖音、快手等短视频平台可能是更好的选择；如果目标受众是专业人士，那么微信公众号可能更合适。

2. 内容适配

选择平台时，应考虑内容适配问题，不同的平台对内容有不同的要求和偏好。例如，微博和知乎更注重用户的互动和分享，因此新媒体文案写作人员需要提供有价值、有趣或有争议的内容来吸引用户参与；而微信公众号则更注重内容深度和品牌宣传。

3. 用户活跃度

选择平台时，应考虑平台用户活跃度如何。一些平台用户数量众多，但大多数用户并不活跃；而一些平台虽然用户数量较少，但用户活跃，更容易产生互动和转化。

4. 广告政策

选择平台时，应考虑所选平台的广告要求，包括付费广告、广告位、广告审核标准等，一些平台可能会对某些类型的广告进行限制或禁止。

8.3.2 选择合适的发布时间

选择合适的时间发布新媒体文案可以达到事半功倍的效果。在发布新媒体文案前，新媒体文案写作人员需要先分析平台的特点，根据该平台不同时间段的用户在线数量及产品或品牌特点，选择合适的发布时间。下面是选择新媒体文案发布时间的一些技巧。

（1）一般情况下，人们更愿意在上班前或下班后浏览一些信息，如网易新闻、搜狐新闻、腾讯新闻等新媒体平台都是在早上或者晚上更新内容。由此可以推断出信息的最佳发布时间是 6:00—8:30 或 17:30—18:30。因为这段时间大家通常都在上班或下班的路上，可以利用乘坐地铁、公交车的时间进行阅读。

（2）企业型的文案要根据用户的碎片化时间来推送，一般较好的推送时间是 11:30—13:30。因为这个时间段是用户用午餐的时间，很多用户都会利用这段时间来浏览品牌产品。

（3）19:00—21:00 也是发布新媒体文案的好时机，这个时间段是下班后的休闲时间，人们更愿意花费时间娱乐。

（4）若营销活动是针对特定节假日或特殊日期的，如品牌周年庆、新品上新日等，新媒体文案写作人员可以在同一天安排全平台同时发布新媒体文案，从而达到强势、集中的营销效果。若营销活动是日常活动，其目的仅仅是强化品牌和"种草"商品，新媒体文案写作人员可以依次在不同平台发布新媒体文案，待其中某一两个平台有数据反馈后，根据数据对文案进行优化和调整，再在其他平台发布。

（5）不论是同一时间发布还是分开发布，需要注意的是，不同平台的用户活跃时间段不同。例如，抖音的用户活跃时间多集中在 19:00—22:00，小红书的用户活跃时间多集中在 7:00—9:00 和 18:00—22:00，而微信公众号的用户活跃时间多集中在 7:00—9:00。新媒体文案写作人员要尽可能根据平台的特点，在用户活跃的时间段发布新媒体文案。

新媒体文案写作人员可以根据新媒体文案主题、平台特点，选择合适的时间段，发布新媒体文案。如果在综合分析后，发现合适的时间段太早或太晚，那么新媒体文案写作人员还可以提前写好需要发布的新媒体文案，设置好发布时间，定时发布，图 8-9 和图 8-10 所示为在今日头条发布文案时选择和设置定时发布，这种方法可以避免节假日无人发布新媒体文案的尴尬情况。

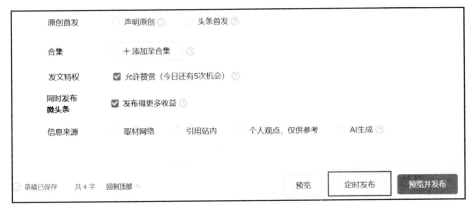

图 8-9　在今日头条发布文案时选择定时发布

图 8-10　在今日头条发布文案时设置定时发布

> !!!提示与技巧
>
> 　　一些新媒体平台的审核时间较长，针对这种情况，新媒体文案写作人员应提前发布新媒体文案，预留出审核时间，以便新媒体文案及时被用户看到。

8.3.3　线上文案与线下活动配合

随着互联网时代的到来，很多企业都致力于策划线上线下相结合的活动，最终形成合力闭环。那么企业该如何做好线上文案与线下活动的配合呢？

第一步，在活动开展之前设计好活动方案，方案内容包括主题、时间、推广方式和对推广效果的预测。基于活动目的确定一个简单的活动主题，以利益驱动用户参与活动。活动整体确定之后，利用思维导图为用户制作一个参与流程图，方便用户参与。根据活动的推广渠道，预测相对保守的推广效果，对活动策划、活动风险及应对措施进行充分的考虑。

第二步，利用各种平台实现线上文案的转发与分享，使线下的推广活动得到更多用户的关注，从而实现线上文案与线下活动相结合。

第三步，配合营销人员利用实体店或地推将二维码推广出去，将线下的活动通过二维码推广到线上。例如，用户在进服装店或餐厅了解活动时，店员引导用户扫描二维码关注活动，通过转发让更多用户得到活动的信息。

在活动策划的过程中，新媒体文案写作人员需要注意以下几点。

（1）活动时间不宜过长。长时间的活动容易导致用户疲劳，新媒体文案写作人员可以结合线上推广平台的互动情况把握活动时间。

（2）线上平台可以选择当下热门的抖音、微博、微信等。平台的选择决定了活动的形式和最终效果，因此新媒体文案写作人员要结合活动目的和平台特点去选择。例如，一本书的文案可以在相关的微博账号上做推广，也可以在相关的豆瓣小组、百度贴吧里发布，等等。

如何引导用户参与线下活动？小米做了"爆米花"线下活动，它实际上是用户的见面会。"爆米花"线下活动体系包括小米每年组织的见面会、用户自发组织的同城会，以及每年年底的"爆米花年度盛典"。

"爆米花"线下活动不是路演，不做产品体验，也不打广告，就是让用户一起玩，让用户展示自己和认识新朋友，并且全程都让用户参与。这也是小米和很多传统品牌最大的不同：和用户一起玩，不管是线上还是线下，无论什么时候，尽可能让用户参与进来，让用户成为产品改进、品牌传播的"大明星"。图 8-11 所示为"爆米花"活动报名文案。

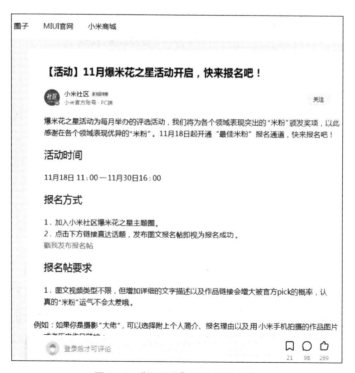

图 8-11 "爆米花"活动报名文案

8.3.4　信息传达要准确

在这个信息爆炸的时代，新媒体文案的准确性和清晰度显得尤为重要。为了确保新媒体文案能够高效地传达信息，新媒体文案写作人员需要通过以下方式保证信息传达的准确性。

1．分析用户

新媒体文案的主要作用是传达信息，而准确、清晰、高效的信息传达是新媒体文案成功的关键。为了实现这一目标，新媒体文案写作人员需要仔细分析用户，理解他们的需求和期望，确保文案主题能够准确、清晰地传达给用户。

2．提炼主题，突出重点

为了确保信息传达的准确性，新媒体文案写作人员在撰写新媒体文案时，应该将新媒体文案的主题提炼出来，作为标题或简介。通过这种方式，用户可以快速了解新媒体文案的核心内容，提高阅读效率。同时，新媒体文案写作人员还可以在新媒体文案的开头或结尾强调主题，以便用户更好地理解和记忆。

3．在评论区置顶文案主题，强调信息

新媒体文案写作人员还可以在评论区置顶位置突出文案主题，强调需要传达的信息。这不仅可以让用户更加关注文案主题，还能引导他们更深入地了解相关信息。此外，在评论区置顶文案主题还有助于提高信息的重复曝光率。图 8-12 所示为在评论区置顶文案主题。

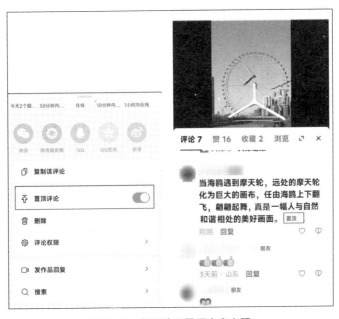

图 8-12　在评论区置顶文案主题

4．运用多种形式，增强传播效果

除了通过文字传递信息，还可以通过图片、视频、音频等多种形式来传递信息。

这些多媒体形式能够更好地吸引用户的注意力，增强信息的传播效果。同时，新媒体文案写作人员还可以利用社交媒体平台的互动功能，如评论、点赞、分享等，与用户进行互动，了解他们的反馈和需求，以便更好地调整新媒体文案。

5. 关注细节，避免误导

在撰写新媒体文案时，新媒体文案写作人员需要关注细节，避免出现误导性的信息。例如，在描述产品或服务时，要确保信息的准确性；在表达观点时，要避免产生歧义或误导用户；在引用数据时，要确保来源可靠并注明出处。这些细节如果处理不好，可能会影响用户对新媒体文案的信任度和认可度。

 素养课堂

新媒体文案写作人员要严守道德底线，抵制不健康内容

当新媒体文案不符合平台规范时，将不被允许发布，或被限制推荐（限流），严重者会被封号。常见的违规问题包括传播低俗、虚假、负能量的内容等。如果上传的新媒体文案包含敏感或禁忌内容（包括文字、图片、视频），则会被系统识别并退回。

具体来说，新媒体文案写作人员要自觉抵制下列内容。

（1）含有违禁物品元素的内容，如易爆物品、管制刀具、违法药品等。

（2）恶意曝光他人隐私的内容，包括他人电话、地址、二维码、微信号等，以及未经他人允许使用他人作品。

（3）传播封建迷信的内容，如算命、算卦，宣传伪科学或违反科学常识的内容，违法信息，传播参与赌博或非法集资等违法活动的内容。

（4）存在歧视、虐待等社会不良风气或不文明行为的内容，涉及不正确的价值观导向等有违社会良好风尚的内容。

新媒体文案的创作需要新媒体文案写作人员严守道德底线，抵制不健康内容。新媒体文案写作人员应时刻保持清醒的头脑，明确责任和使命，确保新媒体文案符合平台规范，为用户提供健康、积极、有价值的信息和内容。只有这样，才能赢得用户的信任和尊重，实现新媒体文案的目标。

8.3.5 注意规避错别字

如果新媒体文案中存在错别字，不仅影响用户的阅读，还会给用户留下不好的印象，即使新媒体文案内容再好，也可能使用户放弃将其分享出去。一些要求较为严格的用户看到错别字后可能会放弃阅读该新媒体文案。因此，新媒体文案写作人员需在对新媒体文案进行传播前，检查新媒体文案中有无错别字，提升用户的阅读体验。

在检查新媒体文案中有无错别字时，新媒体文案写作人员可以通过自查和他查两

种方式进行。自查是指新媒体文案写作人员再次对新媒体文案进行通读，逐字逐句确认新媒体文案中是否存在错别字；他查是指新媒体文案写作人员邀请身边的同事、好友等，对新媒体文案进行检查，确认新媒体文案中是否存在错别字。为降低新媒体文案中错别字出现的概率，新媒体文案写作人员可以先进行自查，再进行他查。

本章实训

利用新媒体平台传播新媒体文案

为了更好地掌握利用新媒体平台传播新媒体文案的方法，本章将进行以下实训。

【实训要求】

（1）选择自己熟悉的新媒体平台，如微信公众号、微博、抖音、小红书等。

（2）多渠道进行新媒体文案的推广。

（3）根据新媒体文案推广过程中存在的问题，提出针对性的建议，以优化传播效果。

【实训内容】

（1）了解并熟悉各种新媒体平台的特点和使用方法，根据目标受众和文案内容，选择合适的新媒体平台。

（2）在传播前首先进行新媒体文案的优化，包括标题优化、内容优化和配图优化。

（3）按照计划在所选新媒体平台上发布文案，采用的方法包括添加话题标签、@朋友、发送私信引流、参与挑战赛等。

（4）通过新媒体平台进行付费推广，包括微信公众号、微博、抖音、小红书等的付费推广。

思考与练习

一、填空题

（1）根据符号辨别方式的不同，可以将符号分为＿＿＿＿＿＿、＿＿＿＿＿＿、＿＿＿＿＿＿、＿＿＿＿＿＿和＿＿＿＿＿＿5 种。

（2）符号的＿＿＿＿＿＿是指符号可以激发用户的情感和行为反应。

（3）＿＿＿＿＿＿的形象是指那些具有人格化特点的符号，如卡通形象、知名人物等。

（4）＿＿＿＿＿＿即两种不同物质之间相互的吸引力，它能够将新媒体文案所表达的信息植入用户的大脑，让该信息被用户理解、记忆，并持久地对用户产生影响。

二、选择题

（1）图像、颜色属于（　　　）。

　　A．视觉符号　　　　　B．触觉符号　　　　C．味觉符号　　　　D．听觉符号

（2）（　　　）不是符号的设计方法。

　　A．运用已知符号　　B．选择动物符号　　C．借助颜色　　　　D．融入品牌价值

（3）下列不属于选择新媒体文案传播平台时需要考虑的关键要素的是（　　　）。

　　A．广告政策　　　　　B．目标受众　　　　C．发布时间　　　　D．内容适配

（4）作为新媒体文案的发布时间，不太合适的一项是（　　　）。

　　A．6:00—8:30　　　　　　　　　　　B．17:30—18:30

　　C．17:00—20:00　　　　　　　　　　D．14:00—15:00

三、思考题

（1）实现新媒体文案价值化的方法有哪些？

（2）可以从哪些方面唤醒用户痛点？

（3）为了增强新媒体文案的附着力，新媒体文案写作人员可以从哪几个方面着手？

（4）企业应该如何做好线上文案与线下活动的配合？

第9章
综合实训

新媒体时代，新媒体文案写作已经成为营销推广不可或缺的一部分。为了提高新媒体文案写作人员的新媒体文案写作能力，本章设计了新媒体文案写作综合实训。新媒体文案写作综合实训的目标是让新媒体文案写作人员掌握新媒体文案写作的基本技巧和方法，能够独立完成各种类型的新媒体文案写作，并能够根据不同场景和需求进行创意设计。

引导案例　鲜甜无比！你绝对不能错过的杧果佳品

亲爱的朋友们，今天我要向你们推荐一款美味无比的农产品——杧果！这不是一款普通的杧果，而是一款源于我们家乡、经过精心种植和挑选的优质佳品。

首先，我来谈谈杧果的营养价值。杧果富含维生素 C、胡萝卜素等多种对人体有益的营养成分。这些丰富的营养成分不仅能够增强我们的免疫力，还能帮助我们抵御一些疾病。

其次，我要说的是这款杧果的口感。每一个杧果都新鲜、甜美、多汁，带有独特的香味，让人一尝便难忘。无论是直接食用，还是用来制作各种美食，如沙拉、果汁、甜品等，它都能带给你无与伦比的体验。我们的杧果产自当地优质的果园，那里土壤肥沃、气候适宜，非常适合杧果生长。果农用心种植，严格挑选，确保每一个杧果都有最佳品质。

再次，我们的杧果都是绿色有机食品，没有使用任何化学肥料或农药，让你吃得安心、放心。为了让更多的朋友品尝到这款美味的杧果，我们特地推出了优惠活动。凡是在本微信公众号购买杧果的朋友，都可以享受特别优惠的价格。

最后，我们还提供快捷、安全的支付方式，让你购物无忧。

所以，你还在等什么呢？快来购买我们的杧果吧！让它带给你一个健康又美味的夏天！不要忘记分享给你的朋友们，让大家都来品尝这款美味佳品吧！关注我们的微信公众号，了解更多优质农产品信息，让你的餐桌更加丰富多彩！

思考与讨论

（1）该新媒体文案是如何进行营销的？

（2）农产品文案写作的特点有哪些？

9.1 农产品文案实训

新媒体文案在农产品销售中扮演着重要角色。它不仅能够向用户传递产品信息，还能吸引他们的注意力，激发用户的购买欲望。因此，农产品文案写作的重要性不言而喻。本次实训旨在帮助新媒体文案写作人员掌握农产品文案策划、写作与编辑的基本技巧和方法，从而更好地推广和销售农产品。

> **课堂讨论**
>
> （1）通过电商网站搜索热门的农产品文案，分析这些文案有哪些部分。
>
> （2）如何进行农产品文案的写作？

9.1.1 农产品文案策划

随着人们生活水平的提高，绿色有机农产品越来越受到用户的关注。为了更好地推广农产品，提高品牌知名度，新媒体文案写作人员在写作农产品文案之前要先做好农产品文案策划，以吸引更多用户的关注。具体来说，进行农产品策划应注意以下几个方面。

1. 目标用户分析

目标用户分析可以从性别、年龄、职业、学历、地域、兴趣等多方面入手。了解用户的习惯是什么、用户喜欢什么、用户的观念如何，是做农产品文案策划时非常重要的工作。

经过分析，发现农产品的目标用户主要是年龄为25～60岁，关注健康饮食，追求天然、有机、绿色生活的中高收入人群。他们分布于全国各地，以企事业单位人员为主。他们兴趣广泛，关注环保，追求生活品质。

2. 分析企业文化或产品初衷

当今社会，用户已从物质层面的追求逐渐转向精神层面的追求，这也在一定程度上影响了企业文化的塑造或产品初衷的设定。在此背景下，结合企业文化或产品初衷，新媒体文案写作人员可以深入分析用户正在追求或向往的生活方式，以使写作出的文案更加贴合用户的生活习惯或生活态度。

某企业的初衷是给用户提供安全、健康、自然、有机的农产品，倡导绿色生活方式，让用户吃得安心、放心。该企业让农产品遵循自然生长规律，坚持果实在树上成熟后再采摘，执行严格的果园管理标准，如图 9-1 所示。

图 9-1　遵循自然生长规律

3. 从产品优势与购买理由切入

新媒体文案写作人员可以从产品优势和购买理由等方面来进行农产品文案策划。与其他农产品的对比分析更能突出自身产品的优势和用户购买产品的理由。例如，我们的橙子具有甜而不腻、果肉细嫩、果形饱满、清甜多汁、橙香十足的特点，比其他产地的橙子更好吃，如图 9-2 所示。

图 9-2　从产品优势与购买理由切入

9.1.2　农产品文案写作

在电商平台的长期影响下，用户对农产品文案已经形成了固有印象，其页面框架内容的规划也有一定的规律可循。为了激发用户的购买欲望，新媒体文案写作人员需要按照激发用户兴趣、展示农产品卖点、展示农产品品质、打消用户顾虑和促使用户购买的思路来写作农产品文案，如图 9-3 所示。

农产品文案写作

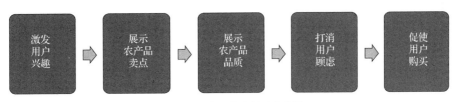

图 9-3　农产品文案的写作思路

1. 激发用户兴趣

激发用户兴趣的直接方法是突出农产品的实用价值，即让用户看到农产品能够带给他们的利益。这种利益应该是用户关心的、需要的。写作农产品文案时需要站在用户的角度思考，通过深入分析用户的购买行为，从中提炼出用户关心的问题，从而找出打动用户的点，最后将这个点以醒目的形式展示在农产品文案中，如以焦点图、海报图、视频等形式展示。

在农产品文案中强调用户对橙子鲜甜、多汁、肉细、皮薄等方面的需求，激发用户继续浏览农产品文案的兴趣，如图 9-4 所示。

图 9-4　激发用户兴趣

2. 展示农产品卖点

卖点是促使用户产生购买行为的主要因素，卖点越符合用户的需求，就越能激发用户的购买欲望。新媒体文案写作人员要在农产品文案中突出农产品的卖点，也就是它的独特之处。这些卖点可以是农产品的口感、营养价值、种植方式等，让用户更加了解农产品的优势。图 9-5 所示的农产品文案展示了赣南脐橙的香甜爽口、健康美味、营养丰富、新鲜发货等卖点，可以吸引用户继续浏览详情页内容。

3. 展示农产品品质

为了使用户相信农产品品质优良，新媒体文案写作人员需要详细介绍农产品的生长环境和生产流程等信息。新媒体文案写作人员可以通过图片、视频等方式展示农产品的生长环境，如土壤、水源等；同时，也要介绍农产品的生产流程，如种植、采摘、包装等环节，让用户放心购买。

图 9-5 展示农产品卖点

农产品的品相是用户对它们的第一印象，也是农产品的重要卖点。良好的品相不仅能吸引用户的目光，增强农产品的吸引力，还能凸显农产品的品质，让用户对农产品产生信任和好感。因此，在农产品文案中，品相展示的重要性不容忽视。品相是指农产品的外观、色泽、质地等方面的综合表现。优质的品相可以激发用户的购买欲望，让他们愿意为高品质的农产品买单，如图 9-6 所示。

图 9-6 展示农产品优质的品相

4. 打消用户顾虑

打消用户顾虑其实是为了增强用户对农产品的信任，以进一步激发用户的购买欲望。首先，品牌实力展示是一种很好的打消用户顾虑的方式，具体包括实体店铺展示、生产流程展示。其次，还要展示消费保障、用户评价等用户普遍比较关心的内容，如退换货政策、好评率等。最后，对于用户容易产生顾虑的内容，可以提供一些经证实的数据或事实，如市场调研数据、行业权威认证、食品安全性问题解答等，从而增加农产品的可信度。图 9-7 所示为农产品资质证书。

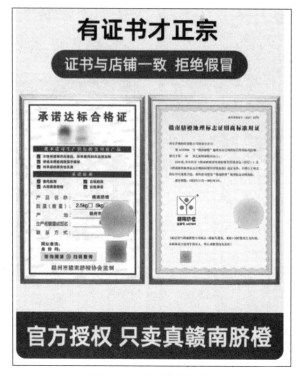

图 9-7　农产品资质证书

5．促使用户购买

在农产品文案中，新媒体文案写作人员要通过各种促销方法，将用户的心动彻底转化为行动，从而促使用户产生最终的购买行为。促销方法很多，如打折促销、满就送、满就减、积分抽奖等。图 9-8 所示为通过促销使用户购买。

图 9-8　通过促销使用户购买

9.1.3 农产品文案编辑

农产品文案编辑

下面使用 Photoshop 2020 编辑农产品文案。由于该文案中的图片尺寸比较大、亮度过高，所以需要先进行图像大小、亮度/对比度等方面的调整，再输入文字，具体操作如下。

（1）启动 Photoshop，打开要编辑的产品图片，如图 9-9 所示。

（2）单击"图像"→"图像大小"命令，在弹出的"图像大小"对话框中调整图片的宽度和高度，如图 9-10 所示。

图 9-9 打开要编辑的产品图片

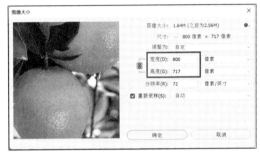

图 9-10 调整图片的宽度和高度

（3）单击"图像"→"调整"→"亮度/对比度"命令，在弹出的"亮度/对比度"对话框中设置亮度为"-38"，对比度为"-10"，单击"确定"按钮，如图 9-11 所示。可以看到调整亮度/对比度后，图片变暗了一些，如图 9-12 所示。

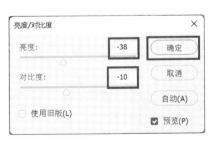

图 9-11 调整亮度/对比度

图 9-12 调整亮度/对比度后的效果

（4）选择工具箱中的"直排文字工具"，在工具选项栏中将字体设置为"黑体"，字体大小设置为"60 点"，字体颜色设置为"黄色"，输入文字"正宗赣南脐橙"，如图 9-13 所示。

图 9-13　设置参数并输入文字

（5）单击"图层"→"图层样式"→"描边"命令，在弹出的"图层样式"对话框中设置描边大小为"3 像素"，颜色为"红色"，单击"确定"按钮，如图 9-14 所示。

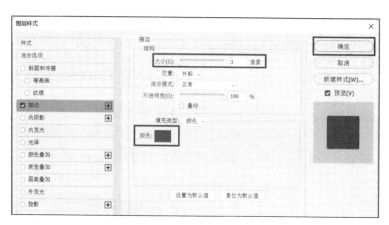

图 9-14　设置描边参数

制作的农产品文案的最终效果如图 9-15 所示。

图 9-15　制作的农产品文案的最终效果

9.2　直播文案实训

在当今的互联网时代，直播营销已经成为一种重要的营销方式。为了增强新媒体文案写作人员写作直播文案的能力，下面以美妆护肤品类直播文案为例进行写作实训。本次实训的目的是通过实践操作，使新媒体文案写作人员掌握直播文案策划、直播话术文案写作与直播文案传播的基本技巧和方法。

> **课堂讨论**
>
> （1）查看直播平台中的文案，分析这些文案的特点及主播采用的话术是什么。
> （2）如何进行直播文案的策划？

9.2.1　直播文案策划

在写作直播文案前，必须先做好直播文案的策划，理顺整体思路，然后才能有目的、有针对性地执行。

直播文案策划

1. 直播主题

直播主题是直播文案策划的中心。直播主题本质上就是告诉用户直播的目的是什么，明确的直播主题能够保证直播内容的方向不会跑偏。美妆护肤品类直播文案应围绕各类主题设计，以吸引用户的注意力。美妆护肤品类直播文案主题如表 9-1 所示。

表 9-1　美妆护肤品类直播文案主题

主题	说明
新品首发	介绍和展示品牌的最新产品，吸引用户关注和购买
护肤教学	提供专业护肤知识，帮助用户解决护肤问题，提高用户的信任度
一站式美妆产品搭配	针对不同场合和需求，推荐搭配使用的美妆产品

本次美妆护肤品直播的主题为让用户在轻松、愉悦的氛围中了解企业的产品，同时也为企业和产品带来更高的曝光度。

2. 直播的时间节点

确定直播的时间节点也是直播文案策划的一个重要组成部分，这需要迎合用户的生活习惯和需求。确定好直播的时间节点之后一定要严格地执行，并且准时开播，这样才能在用户心中树立信誉良好的形象，让用户养成按时观看直播的习惯，增强用户的黏性。

直播方案中需要明确体现的时间节点有两部分：直播的整体时间节点和直播的各个环节的时间节点。

（1）直播的整体时间节点。直播的整体时间节点包括前期准备、直播现场、直播进行时和直播结束后 4 个环节，如表 9-2 所示。确定直播的整体时间节点便于所有参与者对直播有一个整体的印象。

表 9-2　直播的整体时间节点

直播环节	关键环节	时间要求
前期准备	预约直播时间，确认主题、产品内容及直播流程	提前 5～7 天
	制作直播宣传海报、预热短视频	提前 3～5 天
	直播前期宣传推广，积累用户	提前 3 天
	准备直播道具、样品	提前 1～3 天
	准备及检查拍摄器材	提前 1～3 天
	确定直播人员	提前 1～7 天
直播现场	直播人员到达直播现场	提前 0.5～1 小时
	布置场地，调整灯光，确认拍摄效果	提前 3～6 小时
	检查网速和直播设备	提前 1～2 小时
	直播人员分工及就位	提前 0.5 小时
直播进行时	各司其职，需要注意直播现场的状况，及时回答用户问题	2～4 小时（依实际情况而定）
直播结束后	清点和整理直播道具、样品及直播间设备	直播后 2 小时内
	提取后台相关数据，以便分析及宣传	直播后 2 小时内
	直播复盘	直播后 4 小时内
	剪辑精彩的直播视频，并在自媒体平台上传	直播后 24 小时内
	进行图文宣传及视频宣传	直播后 24 小时内

（2）直播的各个环节的时间节点。明确直播的各个环节的时间节点，包括主要环节及其他环节的开始时间和截止时间，如表 9-3 所示，可防止由于某个环节延误而导致直播的整体延误。

表 9-3　直播的各个环节的时间节点

序号	时间	环节	环节说明
1	19:00—19:30	暖场	主播做自我介绍、直播产品介绍、福利介绍及抽奖活动介绍，告知用户直播的主题
2	19:31—20:00	引流产品介绍	主播做详细的引流产品介绍，充分利用道具展示产品优惠价、折扣、数量等
3	20:01—21:00	重点产品介绍	主播做本场直播重点推荐产品的介绍，可以通过发放福利的方式刺激用户的购买欲望，如发红包、发放优惠券、整点抽奖等
4	21:01—21:30	普通产品介绍	主播做详细的普通产品介绍，如产品功能、产品目标用户、与同类产品相比的优势
5	21:31—21:45	直播结束	主播告知用户直播即将结束，感谢用户观看，预告下次直播的时间、内容和福利
6	21:46—22:00	清场	整理直播道具、样品
7	22:01—23:00	复盘	对直播的整个过程进行回顾，总结经验和教训，发现其中存在的问题和不足，对于一些好的方法和措施要保留，以此不断地完善和改进直播方式

3．直播产品介绍文案写作要点

下面介绍直播产品介绍文案的写作要点。

（1）抓住用户的主要痛点。新媒体文案写作人员在进行直播产品介绍文案的写作时，要抓住用户的主要痛点，从而吸引用户关注。

（2）突出产品利益性。产品利益性是指产品与用户之间的利益关系。直播产品介绍文案应突出产品利益性，从用户的角度进行分析。例如，文案可指出产品为用户在日常生活中提供了更加舒适的环境，或者替用户解决了某些问题，总的来说就是说明产品能够带给用户的好处。

（3）寻找差异，展示亮点。每款产品都有自己的特色，它们的使用场景和功能也不一样，这就需要新媒体文案写作人员对不同的产品进行比较，找出自身产品的亮点，打造出最能突出产品特色的文案。

9.2.2　直播话术文案写作

新媒体文案写作人员要提前写好直播话术文案。常见的直播话术文案可以分为开场话术文案、留人话术文案、互动话术文案、产品介绍话术文案、催单话术文案和结束话术文案。

1．开场话术文案

在直播开场的时候，主播首先需要对来直播间的用户表示欢迎，清晰地告知用户直播的主题，吸引他们的注意力。开场话术文案给用户的第一印象是决定用户是否继续留在直播间的关键。开场话术文案的要素如下。

（1）激发兴趣。开场话术文案首先要能激发用户的兴趣，用户只有对直播的内容感兴趣，才会留下来继续观看。

（2）植入广告。营销是直播的目的之一，因此在直播开场时，主播可以植入广告。

（3）发福利。直播开场发福利的目的主要是促进用户与主播互动，提高用户的活跃度，增强用户的黏性。

常见的开场话术文案如表 9-4 所示。

表 9-4　常见的开场话术文案

序号	话术文案
1	嗨，大家好，我是×××，欢迎大家来到×××直播间。今天是"6·18"年中大促销，我为大家带来多款超值产品，今天直播间的朋友可以享受超低直播价
2	我是×××，今天给大家分享几个美妆小技巧，让你也可以成为美妆达人。记得关注我，可以了解更多简单易上手的美妆小技巧
3	欢迎大家进入直播间，今天要给大家介绍的是护肤技巧，感兴趣的朋友记得关注直播间。欢迎×××来到我的直播间。很多人说是因为我的歌声/舞姿/幽默感留在直播间的，你也是吗？
4	欢迎各位亲爱的观众朋友来到我的美妆护肤直播间！我是你们的主播小美，今天我将为大家带来一系列高品质的美妆护肤产品，帮助你们打造完美肌肤，展现自信和美丽
5	欢迎朋友们来到我的直播间，主播是新人，希望朋友们多多支持、多多捧场

续表

序号	话术文案
6	大家晚上好，我先来预告一下今天晚上的产品有哪些
7	大家好，欢迎来到我的直播间。我是一个护肤品主播，深耕护肤品行业 10 年了，有丰富的资源和较强的专业性。所有的产品我都会自己试用，确保它们过关后再推荐给大家，请大家放心
8	欢迎大家进入我们的直播间，今天我们直播间会推出一款优惠力度巨大的产品，大家一定不要错过。刚进直播间的用户可以领一个抽奖福利，只需观看直播 60 秒，点击直播界面右上角的"立即抽奖"即可
9	开播前先给大家发个福利，大家想要红包还是优惠券？想要红包的发送"1"，想要优惠券的发送"2"，哪个人多，我们就发哪个福利
10	大家好，我们是厂家自播，没有中间商赚差价，我们会给大家意想不到的折扣

2. 留人话术文案

留人话术文案用于留住进入直播间的用户，提高直播间的用户留存率。根据平台的推荐算法，通常若直播间用户多、互动率高，系统就会把直播实时推荐给更多用户。

幽默的文案可以吸引用户，设置福利、及时回答用户提问也可以让用户停留在直播间，并且关注直播间。

常见的留人话术文案如表 9-5 所示。

表 9-5 常见的留人话术文案

序号	话术文案
1	感谢××的关注，还没关注主播的朋友抓紧关注哟，主播每天都会赠送惊喜福利
2	喜欢××直播间的朋友，记得关注一下直播间，连续签到 7 天可以获得一张 10 元的优惠券
3	想继续了解辅助搭配技巧、美妆技巧的朋友们，可以关注一下主播
4	今晚我们为观看直播的朋友们专门建了一个免费的美妆交流群，欢迎大家加入，我们会不定期地在群里为大家分享一些护肤方法和化妆技巧
5	喜欢我的朋友们，请动动你们的小手，点击"关注"按钮，12 点整就可以参与抽免单的活动了。大家还可以去找客服领 10 元优惠券
6	直播间的朋友们，12 点整我们就开始抽免单了，还没有关注我们的朋友记得关注，加入我们的粉丝团
7	今天会在关注直播间的朋友中抽一个送神秘大奖，还没关注的朋友赶紧关注
8	今后直播间还会给大家带来非常多的好东西，大家一定要关注我们的直播间
9	各位注意了！今天直播抽奖的奖品真的超级丰厚
10	下一次抽奖将在××分钟后/××点××分进行，会送出大礼，朋友们千万不要走开！刚进直播间，没有领到优惠券的朋友赶紧私信客服领一下优惠券
11	明天直播间还会抽一名幸运免单用户，大家一定要先关注主播，主播会不定时送出惊喜福利

3. 互动话术文案

主播要通过与用户互动增强用户的参与感，在推销产品的过程中，可以抛出一个与产品有关的话题，引发用户讨论。

常见的互动话术文案如表 9-6 所示。

表 9-6　常见的互动话术文案

序号	话术文案
1	看了刚才的 PPT 演示，不知道大家以前是怎么做的，欢迎在评论区留言
2	刚刚给大家分享的小技巧大家学会了吗？
3	商场专柜价 199 元，在直播间购买只要 119 元，还送好礼……倒计时 5、4、3、2、1，我看一下谁点赞最多，有个人一直在点赞啊！多少次？天哪，235 次
4	今天我邀请了一位重磅嘉宾来到我的直播间，大家猜一猜是谁
5	这款口红大家以前用过吗？
6	觉得主播讲得有道理的发送 "1" 吧
7	我看一下评论区，知道×××的在评论区发送 "1"，不知道×××的在评论区发送 "2"
8	朋友们，不要吝啬你们的点赞，希望今天大家能让我获得的点赞数达到新的高度。现在直播间有 1 万人，增加到 1.5 万人时，我截图抽人送个大奖，好不好？大家把直播间链接分享出去
9	你们想听与冬季护肤有关的知识吗？想听的在评论区发送 "1"，不想听的在评论区发送 "0"
10	亲爱的朋友们，你们对哪种美妆护肤产品感兴趣呢？留言告诉我们，我们会根据大家的需求推荐更多优质产品

4. 产品介绍话术文案

产品介绍话术文案是对产品的基本属性、卖点、优势，以及产品所对应的用户群体特征等信息的归纳。使用产品介绍话术文案可以拉近主播与用户之间的距离，有助于用户产生信任感，促使用户做出购买决策，促进销售。除了产品本身的特点之外，新媒体文案写作人员还可以通过数据来告知用户产品的优势。

通过产品介绍话术文案展示产品，需要写出产品的优点，突出产品的高性价比，以激发用户的购买热情，尤其要对每款产品的特性、功效、使用方法等进行有针对性的介绍，让用户对产品有更深入的了解。

常见的产品介绍话术文案如表 9-7 所示。

表 9-7　常见的产品介绍话术文案

序号	话术文案
1	今天我们为大家带来 50ml 装，只需×××元，让你拥有无瑕美肌
2	这一款护肤品能够深入肌肤底层，修复肌肤，使肌肤更加紧致、光滑
3	这是一款具有补水保湿功效的美妆护肤产品，适合各种肤质。它含有天然玫瑰精华，能够深层滋润肌肤，使肌肤水润、有光泽
4	现在购买这款香水，我们将赠送精美小样套装，让你体验更多不同的香味
5	这是一款备受赞誉的防晒产品，能够为你的肌肤提供全面的防护。它具有高倍防晒指数，能够有效抵挡紫外线伤害，同时具有滋润保湿功效，让你的肌肤远离晒伤、晒黑问题。现在购买还有优惠券，等你领取哦
6	接下来，让我们来看看这款面膜。它含有多种天然植物精华，能够深层滋养肌肤，补水保湿，让你的肌肤焕发自然光彩。使用后，肌肤会变得水润、有弹性
7	这款眼霜专为眼部肌肤设计，能够淡化黑眼圈，让你的眼部肌肤焕发青春活力
8	我们的产品不含任何有害化学物质，让你的肌肤享受纯净的呵护

序号	话术文案
9	这款洗面奶含有天然植物提取物，温和清洁肌肤，不含硅油、酒精成分
10	我一直在使用这款面膜，敷完之后皮肤就变得水润紧致了，真的很有用
11	我现在就邀请我的助手小李现场试用这款粉底液，让大家看看效果
12	这款洁面仪搭配我们的洗面奶使用，能够更有效地清洁毛孔，让肌肤更加清透，焕发自然的光泽

5. 催单话术文案

很多用户在下单时可能会犹豫不决，这时主播就需要用催单话术刺激用户下单。催单话术文案要不断强调产品效果和价格优势。主播应该想尽办法缩短用户思考的时间，可以使用倒计时方式刺激用户下单。

主播可以展示产品的市场价，将其与直播间的价格进行对比，说明直播间的价格优势，让用户感到直播间的产品真的很便宜，并且物超所值。例如，在展现价格优势时可以这样说："这款防晒喷雾在××旗舰店的价格是 79 元 1 瓶，今天晚上我们直播间的用户享受买 2 瓶直接减 79 元的优惠，这相当于买第一瓶 79 元，买第二瓶不要钱，真的很值。"

常见的催单话术文案如表 9-8 所示。

表 9-8　常见的催单话术文案

序号	话术文案
1	各位朋友，看中的赶紧下手，不要错过优惠
2	这款产品原价是 198 元，为了回馈大家的厚爱，现在只要 148 元。喜欢这款产品的朋友请不要再犹豫了
3	这款产品连续 3 年销量都是非常高的，这次以超低价回馈给我们的客户
4	本次活动力度十分大，走过路过不要错过
5	商场专柜卖 199 元一盒，我们直播间卖 128.8 元一盒
6	今天晚上，直播间的产品价格真的非常低
7	这一款产品优惠力度很大，你如果看中了一定要及时下单
8	这款眼线笔真的值得购买，一支能用很久，算下来一天的花费不到 0.3 元
9	今天在直播间能以福利价购买的名额为 × 个，大家赶快点击界面右下角的"购物车"按钮购买
10	如果朋友们还没有想清楚要不要买，什么时候买，完全可以先收藏，再加入购物车，或者先提交订单获得优惠机会

6. 结束话术文案

在直播结束前需要做的工作是有礼貌地与用户告别；除此之外，直播快结束时，可以预告下一场直播的时间、产品、福利，同时，再次提醒用户直播间接下来会提供的福利、产品等，甚至可以直接告知用户某款产品具体的上架时间，以便一些不能一直坚守在直播间的用户购买。常见的结束话术文案如表 9-9 所示。

表 9-9　常见的结束话术文案

序号	话术文案
1	谢谢大家，今天的直播接近尾声了，明天晚上 8 点，我们将再次进行直播
2	请大家点击一下界面右下角的"转发"按钮，向好友分享我们的直播间，谢谢
3	大家还有什么想要的产品，可以在交流群里留言，我们会非常认真地为大家选品，在下次直播时推荐给大家
4	好了，还有×分钟就要下播了，最后再和大家说一下，下次直播有你们想要的×××，优惠力度非常大，大家一定要记得来
5	明天晚上 8 点也有福利送给大家，希望大家可以继续关注×××直播间
6	好，我们看一下明天晚上有哪些产品，给大家预告一下
7	主播马上就要下播了，感谢大家陪伴，还没关注的朋友们关注一下
8	下次直播给你们送礼物，并且会给你们多送一点儿
9	我的直播时间是每天的××点到××点，大家记得准时观看
10	觉得我们讲得不错的朋友记得关注直播间，下一周我们还有×××分享
11	感谢朋友们今天的陪伴，感谢所有进入直播间的朋友，谢谢你们的关注、点赞
12	又到下播的时间了，感谢大家从开播一直陪我到下播，主播会继续为大家带来更多的福利

 素养课堂

主播要遵守行为规范

凡事要把握好度，不能张口即来。如果主播在说话时经常夸大其词、不看对象、词不达意，就会让用户反感。因此，主播要避开争议性词语、敏感性话题，以文明、礼貌为前提，让自己的表达既能够直击用户内心，又能够营造融洽的直播间氛围。

主播在传播科学文化知识、丰富精神文化生活、促进经济社会发展等方面，肩负重要职责，发挥重要作用。主播应当自觉摒弃低俗、庸俗、媚俗等低级趣味，自觉反对流量至上、畸形审美、"饭圈"乱象、拜金主义等不良现象，自觉抵制违反法律法规、有损网络文明、有悖网络道德、有害网络和谐的行为。

9.2.3　直播文案传播

直播文案传播是一种有效的营销手段，它结合了实时互动和内容营销的优势，通过直播平台与用户建立联系，进而推广产品或服务。以下是一些用于制定和优化直播文案传播策略的关键点。

（1）明确目标。在直播前明确传播文案的主要目的，是提升品牌知名度、推广新产品，还是增加用户参与度。

（2）了解用户。研究目标用户的兴趣、习惯和偏好，使文案内容更加贴近他们的需求。

（3）内容策划。制定直播内容的大纲，包括产品展示、互动环节、优惠信息等，确保文案与直播内容相匹配。

（4）实时互动。鼓励用户参与直播，可以通过抽奖、派发红包、发放优惠券、问答、赠品促销、预售促销、互动游戏等形式与用户互动。

（5）视觉吸引。搭配高质量的图片和视频，增强文案的吸引力。

（6）合作推广。与其他企业或个人合作推广直播文案也是一种有效的方法。例如，可以与其他主播或达人合作举办线上活动，共同推广产品或服务；或者与相关行业的企业合作举办线上研讨会或培训课程等。通过合作推广，可以扩大用户群的覆盖面，提高直播的知名度。

（7）社交媒体整合。在其他社交媒体平台上宣传直播活动，将流量引至直播平台。

（8）测试与反馈。对直播文案进行测试，收集用户反馈，不断优化内容。直播结束后，通过社交媒体等渠道跟进用户，为其提供更多信息或优惠。

（9）数据分析。分析直播的观看数据、互动情况和转化率，评估文案传播的效果。

通过以上策略，新媒体文案写作人员可以有效地利用直播文案进行传播，与用户建立联系，推广产品或服务，进而扩大品牌影响力。